말씀이 숨쉬는 육아

말씀이 숨쉬는 육아

ⓒ 박선인, 2025

초판 1쇄 발행 2025년 9월 22일

지은이	박선인
펴낸이	이기봉
편집	좋은땅 편집팀
펴낸곳	도서출판 좋은땅
주소	서울특별시 마포구 양화로12길 26 지월드빌딩 (서교동 395-7)
전화	02)374-8616~7
팩스	02)374-8614
이메일	gworldbook@naver.com
홈페이지	www.g-world.co.kr

ISBN 979-11-388-4787-2 (03230)

말씀이
숨쉬는 육아

박선인 글

좋은땅

프롤로그

내 마음대로 되지 않는 일이 세상에 많고 많지만
특히 자식은 내 마음대로 되지 않는 것 같습니다.

아이 키우기, 왜 이리 어려울까요?
바로 '**죄인**'이기 때문입니다,

> 한 사람이 순종하지 아니함으로 많은 사람이 죄인 된 것 같이
> 한 사람이 순종하심으로 많은 사람이 의인이 되리라[롬 5:19]

한 사람의 불순종으로 모두 죄인이 되었습니다.
죄인이 죄인을 다루려 하니 어려울 수밖에 없어요.
그래서 죄의 문제를 해결 받아야 하겠는데 그 길은 예수님의 십
자가 뿐입니다.
우리에겐 예수님이 절대적으로 필요합니다.

그런데, 그거 아세요?

말씀이 숨쉬는 육아

예수님도 우리를 양육하고 계신다는 사실이에요.

> 모든 사람에게 구원을 주시는 하나님의 은혜가 나타나 우리
>
> 를 양육하시되
>
> 경건하지 않은 것과 이 세상 정욕을 다 버리고 신중함과 의
>
> 로움과 경건함으로 이 세상에 살고[딛 2:11,12]

죄인이 죄인을 양육하는 데에 어려움이 있다는 것을 아시는 예수님은 오늘도 신실하게 부모 된 우리를 먼저 양육하고 계십니다. 세상을 붙들려고 하는 죄성을 버리게 하시고 하늘의 것을 붙들게 하시는 능력은 예수님으로부터 나옵니다.

예수님과 함께하는 양육은 세상 어떤 방법보다 훨씬 확실하고 안전합니다.

목차

하나님의 위로하심

말씀이 숨쉬는 육아

믿음 위에 서 있는 육아

하나님의 위로하심

측량할 수 없는 하나님의 생각

"선생님, 우리 아이가 그래도 대화하며 함께 지내는 친구가 있나요?"

"아직 없네요. 쉬는 시간에도 칠판 앞에서 놀거나 혼자 있어요."

아이가 반 친구들과는 어떻게 지내고 있는지 하루하루가 궁금했기에 담임선생님과의 상담 시간에 첫 번째로 여쭈어보았습니다.
'그래도 한두 명 정도는 있겠지' 하는 가느다란 희망을 품었는데 그 대답을 들으니 맥이 빠지고 눈물이 차올랐습니다.

그렇게 일주일이 흘렀을 즈음에 학교에서 연락이 왔어요.
"어머니, 황희가 계단에서 내려오다 발목을 삐끗했어요. 혹시 붓지는 않나 잘 지켜봐 주세요."
하교한 아이의 발을 살펴보고 정형외과로 곧장 갔습니다.

결국, 발목 연골에 금이 갔다는 진단을 받고 반깁스를 하게 되었어요.

그런 상태로 절룩거리며 학교에 다닐 아이를 생각하니 마음 한켠이 저려 왔습니다.
가뜩이나 친구도 없이 외로울 텐데 이런 어려운 상황이 생긴 것이 원망스럽기도 했지요.

그런데 그때, '이것이 혹시 하나님의 방법인가? 하나님의 응답인가?' 하는 생각이 번개처럼 스쳐 지나갔습니다.

표현하지는 않았지만 아이는 외로웠을 것이고 관심과 사랑을 받고 싶은 마음이 있어도 어떻게 표현하면 좋을지 몰랐을 거예요.
더구나 교실이 3층에 위치해 있어서 도움이 절실한 상태가 된 것이죠.

"선생님, 아이가 학교에서 어떻게 지내나 걱정되어 연락드렸습니다."
"네, 어머니. 친구들이 곁에서 아이를 도와주고 있어서 어렵지 않게 잘 지내고 있어요. 가방도 들어주고 계단 내려갈 때 서로가 부축해 주려고 한답니다."

"아, 정말요? 너무나 고마운 친구들이네요!"

전화를 끊고 엉엉 울었습니다.
"아 하나님, 이거군요! 이것이 하나님 방법이군요! 정말 놀랍습니다."
아이에게 친구를 붙여 주시고자 하는, 생각지 못했던 하나님의 방법이었습니다!

지금도 당장 눈에 나타나는 성과나 열매가 없어도 하나님의 측량할 수 없는 놀라운 방법을 신뢰합니다.
왜냐하면 나의 생각을 뛰어넘으시는 하나님의 생각은
언제나 옳고 언제나 최고이기 때문입니다.

이는 하늘이 땅보다 높음같이 내 길은 너희의 길보다 높으며
내 생각은 너희의 생각보다 높음이니라[사 55:9]

말씀이 숨쉬는 육아

매일이 감사

"하나님, 나를 숨 쉬게 하시고
눈 뜨게 하시고 오늘도 생명을 주셔서 감사합니다."
하는 기도를 매 아침 식탁마다 하고 있던 어느 날,
아이가 이런 감사의 제목을 나누었어요.

"눈으로 보게 하시고 코로 숨 쉬게 하시고 두 팔과 두 다리로 건
강하게 살아갈 수 있게 하시니 감사합니다."
"내가 지금 살아 숨 쉬고 있다는 것이 감사합니다."

기도가 쌓인다는 것이 이런 거구나 하고 느끼니 마음 깊은 곳에
서 희망이 피어올랐습니다.
하나님이 들으시고도 얼마나 감격하셨을까요?

큰아이에게도 물었습니다.
"너는 하나님께 어떤 게 감사해?"

한참을 생각하더니 짧게 한마디를 합니다.

"고마워요."

"아, 하나님께 고맙구나?"

고개를 끄덕입니다.

말도 미숙하고 표현도 부족하지만

어쩌면 아무도 모르게 하나님과 가장 친밀함을 누리고 있는 건

아닐까 생각하니 가슴이 더 뭉클해졌어요.

오늘 내가 눈 뜨고 숨 쉬고 이 하루를 맞이하는 것,

하나님의 크신 은혜이고 기적입니다.

말씀이 숨쉬는 육아

힘겨운 날의 위로 역시 말씀

"오늘의 해당 말씀을 읽자."

말이 떨어지기가 무섭게 졸린다고 우는 첫째와
성경 읽다가 성질내는 둘째를 어찌하면 좋을까
마음이 무척이나 낙심되는 날이었습니다.

그러다 하루 전 묵상했던 말씀을 떠올려보았습니다.

이에 그들이 그들의 고통 때문에 여호와께 부르짖으매 그가
그들의 고통에서 그들을 인도하여 내시고 광풍을 고요하게
하사 물결도 잔잔하게 하시는도다[시 107:28,29]
그들이 평온함으로 말미암아 기뻐하는 중에 여호와께서 그
들이 바라는 항구로 인도하시는도다[시 107:30]

내가 바라던 항구에 이르게 하시는 하나님이심을
떠올리며 내가 바라는 항구가 과연 무엇인지
생각해 보았습니다.

아이들에게 아주 위대하거나 거대한 것을 바라는 게 아닌,
그저 두 형제가 하나님 말씀대로 서로를 사랑하며 말씀에 순종
하는 것… 그것이면 충분하다는 생각이 들었어요.
소망에 이르기까지 풍랑이 얼마나 일어날지는 알지 못하지만
분명한 것은 내가 바라는 항구에 이르게 하실 것이라는 말씀입
니다.

이 순간에도 나를 위로하시는 하나님을 발견합니다.
그렇기에 다시 말씀 붙들고 일어납니다.

말씀이 숨쉬는 육아

감사의 제목으로 바뀐 날

자전거를 타고 나갔던 아들이 절룩거리며 집에 들어왔습니다.
"엄마, 자전거를 잃어버렸어요. 자전거를 돌려서 나오려는데 빠져 버렸고 난 넘어졌어요."

그 비싼 자전거를
선물 받은 자전거를
그리도 좋아하는 자전거를
잃어버렸다는 생각에 제 마음이 무겁게 뒤틀렸습니다.

다행히 많이 다치진 않아서 씻으라 욕실로 들여놓고 저는 자전거를 찾으러 나섰습니다.
아이가 갈 만한 데를 한 바퀴 둘러보고 샅샅이 보아도 찾을 수가 없었어요.
처음엔 속상한 마음으로 나섰는데 점점 감사로 변해 가는 거예요.

'그래, 자전거는 잃어버렸어도 아이는 집으로 잘 돌아왔으니 얼마나 다행이야.'

다음날, 이번엔 아이와 함께 자전거를 잃어버렸다는 장소로 가 보았습니다.
이번엔 더 큰 감사가 나왔어요.
도저히 찾을 수 없는, 하필 경사가 지고 도랑이 흐르는 수풀 속에 박혀 있었는데 거기 사람까지 처박혔으면 아무도 찾을 수 없겠다 싶더라고요.

"황희야, 하나님이 너를 정말 지키시고 보호하신 거네!"

정말 진심으로 감사가 우러나왔습니다.

감사로 바꾸시고 자전거도 찾게 하신 놀라운 하나님을 함께 이야기하며 무사히 집으로 돌아왔습니다.
내 손이 닿지 않는 곳이라 해도 하나님은 우리 자녀를 눈동자처럼 지키시는 참 보호자이십니다.

위기가 기회로

형에 대한 아이의 마음

양치질하고 있던 큰아들 위로 욕실 거울이 떨어져 버렸습니다.
순간 놀라다 보니 떨어지는 거울을 아이가 손으로 잡았나 봐요.

"엄마!!" 하고 불러서 가 보니 손에서 피가 흐르고 있었습니다.
상처가 깊어 보였지만 밤이었기에 우선 지혈만 했어요.
그럼에도 출혈이 계속되자 안 되겠다 싶어 상처치료에 필요한
것들을 챙기러 나갔습니다.
근데 둘째도 함께 차에 오르는 것이에요.

"형아가 손만 다쳐서 정말 다행인 것 같아,
머리 위로 떨어졌다면 진짜 큰일났을 거야.
형아 피가 빨리 멈춰야 하는데…"

"너… 형아를 걱정하는 마음이 있구나?
엄마는 네가 형아에 대한 안 좋은 마음이 더 컸다고 생각했는데

이렇게 걱정하는 모습을 보니 네 마음에 형아를 사랑하는 마음이 들어있었네! 엄마 마음이 참 좋고 기쁘다."

"엄마 그치? 나도 그렇게 생각 들었어.
나한테도 형에 대한 좋은 마음이 있다는 걸 말이야.
형에 대해 안 좋은 마음이 있을 때는 내 마음도 안 좋았거든."

"네 마음에 미안한 마음, 죄책감 같은 게 있었구나?"
"응, 엄마."
"아고 그랬구나.
깊은 밤 시간에 이렇게 너와 대화 나누니까 참 좋다."

형에 대한 아이의 마음을 놓치지 않고 대화할 수 있게 이끌어 주신 성령님을 느낀 참 뜻깊고 좋은 시간이었습니다.
집에 돌아오니 큰아이는 아빠와 잠들었네요.
"다행이다, 형아가 잘 자고 있어서."

하나님이 주신 형제의 아름다운 모습을 보게 하시고
위기를 기회로 바꾸어 주신 하나님께 참 감사했습니다.

하나님이 보여 주신 한 컷 1

태권도를 하고 있는 작은아이를 데리러 갔습니다. 그때 마침 큰 아이와 같은 반인 아이를 보게 되었어요.

"이모, 황희는 무슨 반이에요?"
새 학년을 앞두고 있는 시점이라 우리 아이와 같은 반인지 아닌지가 궁금했나 봐요.
"응, 달반이야."
그 아이의 다음 말은 제 안을 아프게 꿰뚫었습니다.

"휴, 다행이다, 황희랑 같은 반 아니어서."

큰아이 황희는 또래에 비해 발달이 다소 늦은 편에 있다 보니 여러모로 부족한 점이 많이 있습니다. 그래서 친구 관계가 수월하지 않았을 것이고 부족한 부분들이 부딪히며 힘든 경우들도 있었으리라 생각해요.

그래서 그 아이의 말에 저는 아무 말도 할 수가 없었습니다.
대신 하늘을 보며 하나님께 말했습니다.

"하나님, 들으셨지요? 황희랑 같은 반이 안 된 것을 다행이라 말
하는 소리, 들으셨지요?"
"황희와 같은 반이 되지 않은 것을 후회하게 해 주세요!"

이렇게 털어놓고 나니 마음이 한결 가벼워졌습니다.
오히려 황희가 그 아이와 같은 반이 되지 않은 것이 다행이라는
생각이 들었어요.

하나님은 그때의 제 목소리를 분명히 듣고 기억하셨습니다.
왜냐하면 그때 이후로 그 아이와 같은 반이 된 적이 없었을 뿐
아니라 저희 아이의 전학을 통해서 그 친구와의 만남을 끊으셨
기 때문입니다.

아이에게 일어나는 여러 어려움들을 내 힘으로 어찌할 수 없을
때, 저는 지금도 하늘의 하나님을 향해 말합니다.

"하나님, 들으셨지요?"

말씀이 숨쉬는 육아

기도 응답이 이루어지지 않을 때

기도를 했음에도
응답이 바로 이루어지지 않을 때,
엄마로서 아이에게 어떻게 말해 주면 좋을까요?

"때가 되면 들어주실 거야, 기다려 보자, 조금 더 기도해 보자"
등 간단하게 말해 줄 수도 있겠지만 엄마의 경험을 빗대어 이야
기해 주면 아이의 이해를 도울 수 있습니다.

"엄마가 아빠랑 결혼하고 아기가 갖고 싶어서 기도하고 또 기도
했는데 바로 응답해 주시지 않는 거야, 황희 형아를 임신하기까
지 6년을 기다려야 했는데 이때가 하나님 보시기에 '아, 이제 엄
마가 되어도 충분하겠다' 생각하신 것 같아.
하나님이 바로 아기를 주셨다면 엄마는 지금처럼 좋은 엄마가
되지 못했을 거야. 아기를 어떻게 사랑하고 보살펴야 하는지 몰
랐거든. 그래서 하나님이 엄마에게 좋은 엄마가 되라고 공부할

시간을 주셨단다."

"그런데 너는 하나님이 바로 응답해 주셨어. '하나님, 황희 동생을 갖게 해 주세요' 기도했는데 하나님이 너를 엄마 뱃속에 바로임신하게 하셨거든. 정말 놀랍지?"

"우와~" 아이 눈이 동그래집니다.

"하나님은 이렇게 우리에게 가장 좋은 때에 응답해 주신단다.
그러니, 바로 응답을 안 해 주시는 건 기다려야 하는 시간이 필요한 것이야.
바로 응답해 주신다면 그건 하나님의 놀라운 은혜이고 선물인것이지."

"그런데 이런 경우도 있어.
내 욕심을 위해서 "갖고 싶어요." 하고 기도할 때는
하나님이 응답해 주시지 않기도 해, 바로 성경에서 말씀하고 계신단다."

> 구하여도 받지 못함은 정욕으로 쓰려고 잘못 구하기 때문이라[약 4:3]

또 하나의 응답의 경험을 아이와 나누었습니다,

"엄마가 다른 엄마들과 함께 '하나님 말씀으로 아이들을 가르치고 안내하는 모임이 있으니 신청해 주세요' 하고 공지를 했는데 신청자가 없는 거야, 그래서 '하나님이 붙여 주시지 않으면 모임을 못 해요, 도와주세요' 하고 하나님께 기도했는데 놀라운 일이 일어났어! 다음 주가 시작인데 신청이 다 들어와서 모임을 시작할 수 있게 된 거야! 하나님이 그렇게 응답해 주셨어. 너무 감사하지?"

아이도 크게 감동했는지 눈이 커다래집니다.

하나님의 타이밍은 우리와 다르다는 것을 알면 하나님을 신뢰하고 기다릴 수 있게 됩니다.
삶에서 받은 기도 응답의 은혜를 아이들과도 꼭 나누어 주세요.

내가 베푼 선(善)이
선(善)으로 돌아오지 않을 때

어느 날 하교하고 온 둘째가 제게 이런 말을 합니다.

"엄마, 친구 ○○는 나한테 아는 척도 안 하고 인사도 안 받아.
나는 먼저 인사하고 아는 척했는데 말이야."

어린이집에서부터 친구였던 ○○이는 저희 아이의 단짝 친구였습니다.

그런데 1학년이 되면서 서로 다른 반이 되었고, 그 친구와 같은 반이 안 되었다고 많이 슬퍼하고 울기도 했습니다.

그랬던 친구인데 인사도 안 받고 모른 척을 한다니 그 속상함과 허탈감은 이루 말할 수 없었을 거예요.

저도 비슷한 일이 있었습니다.

한 친구를 만날 때마다 밥을 사 주었고 그 가족에게 어려움의 소식이 있을 때에도 제가 할 수 있는 최선의 도움을 주었다고 생각했던 어느 날, 한 줄기 생각이 제 마음을 스쳤습니다.

　　　　　　　　　　　　　　　　말씀이 숨쉬는 육아

'나는 그 친구에게 매번 밥을 사고 도움도 주었는데 나에게 돌아온 건 하나도 없네?'

착하고 좋은 마음으로 행했던 것들이 나에게 다시 선하게 돌아온다면 이 세상은 참 살 만하고 행복할 것입니다. 그러나 그렇지 않다는 것을 살면서 종종 경험하게 돼요.

우리 혹은 아이가 선한 마음으로 행했던 것들이 나에게 선으로 돌아오지 않을 때, 하나님을 믿는 자로서 아이에게 어떻게 말해 줄 수 있을까요?

"네가 인사해도 받지 않고 모르는 척하는 그 친구보다 그럼에도 먼저 인사하고 아는 척한 너를 하나님은 축복하실 거야. 그리고 하나님은 너에게 더 좋은 친구를 붙여 주실 거라 엄마는 믿어."

"내가 작은 마음을 베풀었을지라도 하나님은 다 기억하시고 오히려 내게 복을 주실 거야. 그 상을 잃지 않게 하실 거야."

지극히 작은 자 하나에게 냉수 한그릇을 주었다면 하나님은 결단코 상을 잃지 아니한다고(마10:42) 말씀하셨어요.

세상은 말할 거예요. 하나 도움도 안 되는 일에 왜 그리 마음 쓰고 시간 쓰고 돈을 쓰냐고 말이죠.
그러나 하나님의 사람은 다르게 생각하고 다르게 행동해야 하겠습니다.

하나님 안에서 손해 보는 것은 하나도 없습니다.
내 손이 행한 선을 하나님은 보고 기억하시기 때문이에요.

네 손이 선을 베풀 힘이 있거든 마땅히 받을 자에게 베풀기를 아끼지 말며[잠 3:27]
우리가 선을 행하되 낙심하지 말지니 포기하지 아니하면 때가 이르매 거두리라[갈 6:9]

나로 인해 한 영혼이 힘을 얻고 회복되고 하나님을 믿는 믿음에 이르게 한다면 그만큼 하나님 앞에서 복된 일은 없다고 믿습니다.

기억에 남는 장소가 있나요?
하나님 안에서 해석해 봐요

혹시 여러분에게도 잊지 못할 기억을 제공하는 장소가 있나요?
그 장소만 지나가도 기분이 좋은
혹은 쳐다보기도 싫은 그런 장소 말이에요.

큰아이 7살 때, 아이와 미용실을 가기로 하고 차에 탔습니다.
시골에 살다 보니 마음에 드는 미용실을 가기 위해서는 20분 정
도 운전을 해야 합니다.
그렇게 열심히 운전해서 갔는데 가려는 곳은 문이 닫혔고 또 한
곳은 사람이 꽉 차서 불가능했죠.

"황희야, 오늘은 날이 아닌가 봐, 다음에 미용실에 오자."

계획이 틀어지는 것을 받아들이지 못하는 성향이 강해서인지 말
이 끝나기가 무섭게 소리 지르고 울며 난리가 시작되었습니다.

급기야 운전하던 제 머리를 쥐어 잡고 온갖 분노를 다 뿜어내는 아이를 견디다 못해 차를 세우고는 아이에게 분노하며 엉엉 울었습니다.

그 장소는 제가 종종 지나가는 길에 있습니다.
그 일 후로 그곳을 지나갈 때마다 제 가슴은 참 아팠습니다.
기억하기 싫고 쳐다보기도 싫었는데

그 장소가 저의 밑바닥이 드러난, 도저히 가망이 없는,
얼마나 큰 죄인인지 깨닫는 그런 장소가 오히려 되었습니다.
내가 얼마나 큰 죄인이며 내게 예수님이 얼마나 절실히 필요한지 그 길을 지날 때마다 알게 하셨어요.

그로부터 몇 년이 지난 지금, 그곳은 완전히 새롭게 바뀌었습니다.

이제는 괜찮다고,
새로운 기억으로 바꾸어 주겠노라고
나를 위로하시는 하나님의 뜻이 아닐까 생각합니다.
비록 아프고 괴로운 순간이었지만 하나님 안에서는 어떤 경험도 버릴 것 하나 없다는 것을 깨닫습니다.

죄인의 본성으로 부딪힐 때, 화내지 말아요

그런 생각 해 본 적 있죠.

얘는 언제쯤이면 남을 생각해 볼 줄 알까?
얘는 언제쯤이면 엄마를 생각해 줄까?
얘는 언제쯤이면 나눠 먹을 줄 알까?

언제쯤이면… ○○할까… 하는 생각,
말이에요.

큰아이는 어린 자아 수준 때문인지 죄인의 본성이 그대로 나타
날 때가 많습니다.
자신의 것을 동생과 나누는 데에 인색하거든요.

"나도 좀 줘!"
"싫어 이거 내 거야!"

두 형제가 서로 티격태격할 때면, 저도 마음에 답답함이 생깁니다.

이럴 때 버럭 화를 내거나, 둘이 알아서 해결하게 놔두거나(실상 해결은 아니겠지만요.) 나도 모르겠다는 식으로 대처할 가능성이 커요.

그런데 이렇게 한번 생각해 보면 좋겠어요.

'나밖에 모르는 이기적인 죄인이기에 아이에게서 그런 행동이 나타나는구나.'

죄성을 가진 인간을 근본적으로 이해하게 되고 그런 죄성이 어른인 나에게도 있음을 깨닫게 됩니다.

그러면 이제, 말씀으로 나아갈 수 있게 돼요.

이런 상황에서 아이들에게 어떤 말씀을 들려주면 좋을지 한 발짝 물러서서, 이 상황을 통해 아이에게 들려주어야 할 하나님의 메시지는 무엇인지 생각해 보고 기도로 가져가면 됩니다.

쉽게 화내지 않게 되고 그 상황을 절망스럽게 생각하지 않을 수 있어요.

말씀이 숨쉬는 육아

오히려 말씀을 들려줄 기회가 된 것을 감사하게 생각하게 됩니다.

사람들이 자기를 사랑하며 돈을 사랑하며 자랑하며 교만하며 비방하며 부모를 거역하며 감사하지 아니하며 거룩하지 아니하며[딤후 3:2]

즐거움도 하나님이 주시는 거라고요?

아들이 가진 연약함으로 인해 발생한 학교에서의 여러 문제들
때문에 마음이 지쳐 있었습니다.
하나님 주신 아이들을 기뻐하고 감사하며 양육해야 함에도
마음이 괴로울 땐 울며 겨자 먹는 식이 되어 버리기도 합니다.

그러다 마주한 오늘의 말씀은 제게 큰 힘과 소망을 주었어요.

> 이날에 무리가 큰 제사를 드리고 심히 즐거워하였으니 이는
> 하나님이 크게 즐거워하게 하셨음이라[느 12:43a]

즐거움이 하나님으로부터 온다는 것,
하나님이 즐거워하게 하심으로 내가 즐거울 수 있다는 것이
에요!

말씀이 숨쉬는 육아

그렇다면
아이를 양육함에 있어서도
하나님께서 양육의 즐거움을 주시면
얼마든지 즐거움으로 임할 수 있다는
결론이 나옵니다.

이것이야말로 참 소망이지 않을까요?

내게 맡겨 주신 일들을 즐거워함으로 감당할 때
그 일을 맡기신 하나님도 마음이 즐겁고 기쁘실 것 같습니다.

"하나님이 주시는 즐거움으로 인하여 내게 주신 자녀들을 즐겁
게 양육하게 하소서!"

화 안 내는 비결이 있다면?

어느 한 분이 이런 고백을 하셨어요.
"소중한 맘을 하면서 아이에게 화도 덜 내게 되었고 무엇보다 아이가 엄마에게 애정 표현을 많이 하게 되었어요."

화를 내지 않는 특별한 비법을 제시한 것도 아니었는데 이런 말씀을 주시니 참으로 놀랍고 감사했어요.
대체 그분에겐 어떤 변화가 있었을까요.

은혜 안에 머물러 은혜의 안경을 쓰고
자녀를 볼 수 있게 안내해 준 것, 그뿐이었어요.
하나님 안에서 나의 자녀를 새롭게 발견하게 되면 사랑스럽고 존귀하게 볼 수 있게 됩니다.

며칠 동안 말 안 듣는 큰아이로 심신이 지쳐 있었어요.
매일 말씀을 접하고 묵상하고 있었는데도 지친 마음이 쉽게 회

복되지 않고 있을 때쯤,
은혜에서 멀어진 것을 깨닫게 하셨어요.

은혜의 양동이가 떨어져 가니
말 안 듣는 아이를 감사의 눈으로 보기란 쉽지 않았습니다.
다시 은혜를 붙들고 칭찬의 말을 회복하고
따뜻하고 온유한 마음을 부어 달라고 기도했어요.

은혜 안에 머무는 것이야말로
아이에게 화내지 않는 최고의 비결일 것 같아요.

말씀이 숨쉬는 육아

규칙 적용은 한계가 있습니다

두 아들 앞에 포도 한 송이가 있습니다.
한 송이뿐인 포도를 둘이 나누어 먹는 일이 아이들에게 쉬운
일일까요?

늘 경험하고 경험해 왔듯이 '사이좋게' '나누어' 먹으려 하지 않
습니다.
나누어 먹으라 하니까 나누어 먹는다는 것입니다.

즉, 내 마음은 그런 것을 원하지 않지만 외부 통제에 의해서 아
이는 행동하게 된다는 것이지요.

먹을 것을 가지고 서로 다투고 내 것이라 절대 빌려줄 수 없다고
고집하는 것은 죄성을 가진 인간의 본성을 그대로 나타냅니다.
그럴 때 엄마는 어떻게 해야 서로 다투는 상황이 해결될까 깊은
고민에 들어갑니다.

번갈아 가며, 순서를 정해서, 요일을 지정해서 등등 여러 규칙을 정하여 아이에게 적용하니 아이가 잘 따라오는 듯 보입니다.

그. 러. 나!
그것만으로 문제가 해결되었다고 할 수 없는 거예요.

엄마가 보지 않는 곳에서는 혹은 아이들끼리 있는 곳에서는 고스란히 그 죄성이 드러나게 됩니다.

이때는 '**마음**'에 대해 이야기해 주어야 할 타이밍입니다!

"사람은 죄인으로 태어났기 때문에
나만 먹고 싶어 하고 나만 하고 싶어 하는 마음이 크단다. 그래서 예수님이 이 땅에 오셨어. 이러한 우리의 죄를 용서하시고 구원하시기 위해서 말이야."

"예수님이 우리를 사랑하신 것처럼
우리도 서로 사랑하라고 예수님은 말씀하셨어."

내 힘으로는 사랑할 수 없지만 예수님을 의지하면 사랑하게 도와주신다는 사실을 알려 주세요.

나누지 못하고 양보하지 못한다고 혼내고 정죄하는 것이 아닌 나누지 못하고 양보 못 하는 그 마음 상태를 예수님께 기도로 아뢰어 주세요.

"나누는 게 어려워요, 못 하겠어요, 예수님의 사랑으로 나눌 수 있게 나를 도와주세요."
"예수님이 나를 용서하신 것처럼 나도 동생을 용서하게 해 주세요."

마음을 다루는 것은 하나님만이 하실 수 있습니다.
그동안 자녀의 행동을 변화시키는 데에 초점을 두었다면, 이제는 말씀으로 마음을 다루어 마음이 변화되는 데에 중점을 두어야 하겠습니다.

> 모든 지킬 만한 것 중에 더욱 네 마음을 지키라
> 생명의 근원이 이에서 남이니라[잠 4:23]

말씀이 숨쉬는 육아

선택은 나의 몫

"태희야, 종이접기 하고 있네?"

"응, 형아 접어 주려고."

"오 정말? 형아에게 종이접기 해 주고 싶은 마음이 생겼어?"

"아니, 하도 졸라 대서 어쩔 수 없이!"

"형아가 졸라 대서 접어 주는 거라도

네가 어떤 마음을 갖고 해 주느냐는 전혀 달라.

'에잇, 형아는 왜 자꾸 접어 달라는 거야? 왜 나한테만 계속 조르

는 거야!' 투덜투덜 억지로 접어 줄 수도 있고,

이왕 접어 주는 것 기쁜 마음, 좋은 마음으로 접어 줄 수도 있어.

어떤 마음이 하나님이 기뻐하시는 마음일지 생각해 봐, 선택은

너에게 달렸어."

장거리 운전을 하고 온 저녁,

치워져 있지 않은 부엌을 보니 마음이 힘들어지더라고요. 그때,

"모든 일을 원망과 시비 없이 하라"는 말씀이 떠올랐어요.
'이왕 하는 거 가벼운 마음으로 하자' 생각하고 행동하니 불평과
원망 없이 끝낼 수 있었습니다.

이왕 하는 거, 어떤 마음으로 할지는 당신의 선택입니다.

모든 일을 원망과 시비가 없이 하라[빌 2:14]

예배드리기 싫어하는 아이

우리가 주목해야 할 것

엄마 손에 질질 끌려 억지로 예배 가는 아이,
교회 가자는 엄마 손 뿌리치고 제 갈 길로 달려가는 아이,
예배에 집중하지 않고 멍하니 앉아만 있는 아이,

이런 아이를 마주하면, 그것도 한두 번이 아니라면 화가 나고 답답하고 낙심이 되는 건 사실이에요.

그런데 왜 화가 나고 답답할까요?
교회 가자고, 예배드리자고 하는 엄마 말을 따르지 않아서이겠지요.

그러나 성경은 분명히 말씀합니다.

또한 그들이 마음에 하나님 두기를 싫어하매 하나님께서

하나님을 마음에 두고 싶어 하지 않습니다.
하나님을 예배하는 것보다 세상의 즐거움을 추구하려 합니다.
그렇기에 엄마인 우리에게 자녀를 향한 애통의 마음이 먼저 있어야 하겠습니다.
또한 하나님을 마음에 두고자 하는 뜨거운 마음이
엄마인 나에게 먼저 있게 해 달라 기도해야 하겠습니다.

하나님이 우리의 애통의 기도를 들으시고 우리와 자녀의 마음을 변화시키셔서 예배의 자리에 기쁨으로 나아가게 하실 것을 믿고 기대합니다.

말씀이 숨쉬는 육아

안 되는 이유는 아이의 ○○을 위해서

"엄마, 친구들은 구글도 들어가고 게임도 자기가 하고 싶은 거
다 해. 나도 하고 싶은데…"

친구들이 자유롭게 핸드폰 사용하는 것을 보니
아이도 하고 싶다는 욕구가 아무래도 생겨납니다.
그것을 참고 있느라 아이도 얼마나 힘들까 싶어요.

"너를 사랑하기 때문이고
너의 영혼을 지켜야 하기 때문에 그렇단다."

"엄마도 어른이라 19세 붙어 있는 영화나 게임은 다 할 수 있어.
그런데 왜 안 하는지 아니?
그것이 엄마의 영혼을 망가뜨리고 하나님으로부터 멀어지게 만
들기 때문에 안 하는 거야."

"우리가 걸어가야 하는 길은 세상과는 다른
구별된 길이거든."

"친구들처럼 '아 나도 하고 싶다' 하는 생각이 들 때면
언제든 엄마에게 말해 줘, 이렇게 또 이야기해 주고 말해 줄게."

세상과는 다른 구별된 거룩함을 입고 살아가야 한다는 것을 아
직 아이가 받아들이고 이해하기는 어려울 수 있다고 생각해요.
그러나 씨를 뿌리지 않고는 열매를 기대할 수 없듯이
오늘도 하나님의 말씀의 씨는 아이들에게 뿌려져야 합니다.
비록 눈물을 흘리며 씨를 뿌릴지라도
하나님이 거두실 것을 믿으며 말이죠.

하나님을 인정하는 삶

"엄마, 다음 주에 짝 바꾸는 날인데 ○○○하고는 정말 짝 안 하고 싶어. 그런데 나 없다고 설마 그 애랑 짝 되는 거 아니겠지?"

가족 일정으로 체험 학습을 낸 하필 그날, 한 학기에 한 번 있는 짝 바꾸는 날입니다.
누구랑 짝이 될지 기대가 되면서도 짝 되기 싫은 친구랑 짝이 될까 불안한 마음도 보이네요.

이번에도 아이에게 하나님을 이야기할 중요한 타이밍인 것을 직감했습니다.

"엄마가 중요한 말을 할 거야. 네가 누구와 짝이 되든
그것은 하나님이 너에게 붙여 주신 짝인 거야.
네가 짝하기 싫은 그 친구와 짝이 되었다면
'하나님, 그 이유가 뭐예요?' 하고 묻고 이유를 찾는 거지."

아이가 알아들었는지

"음… 그 친구와 더 친하고 사이좋게 지내라고 붙여 주신 거 아닐까?"

"오 맞아! 그리고 너를 통해서 그 친구를 복 주시려는 하나님 뜻인 거야."

하교하고 돌아온 아이에게 물었습니다.

"오늘 짝꿍은 어떻게 되었어?"

"♡♡♡와 되었어. 진짜 다행이야!"

"오! 정말 감사한 일이네!"

내가 원하는 대로 되지 않아도

그것엔 하나님의 이유가 있고 뜻이 있음을

아이도 발견해 나갈 거예요.

그것이 바로

'매사에 하나님을 인정하는 삶'인 것이니까요.

가정 예배 때 꼭 필요한 말씀

아이들과의 예배 시간, 한 녀석은 인형을 만지작거리고, 한 녀석은 성경책을 넘기다 자리를 이탈하기를 반복합니다.
하나님 보시기에 예쁜 모습으로 예배드리자, 바른 자세로 드리자 말해도 그때뿐입니다.

마지막 비장의 무기를 꺼내 들었습니다.
바로 말씀!!

"애들아, 두세 사람이 모인 곳에 예수님도 함께 하신다고 말씀하셨어, 우리가 앉은 이 자리에 예수님이 지금 함께 하시는 거야.
예수님이 보고 계시고 함께하시니 우리 자세를 바르게 해 보자."

말씀은 살아 있고 힘이 있다는 것을 또 경험하는 순간이었어요.
아이들이 좋아하는 찬송가도 힘 있게 부르고
똘망똘망 집중하며 말씀도 잘 듣습니다.

매 예배 시간마다 예수님이 우리와 함께하심을 꼭 이야기해 주
어야겠습니다.
보이지 않는 하나님을 예배를 통해 볼 수 있도록 말이죠.

> 두세 사람이 내 이름으로 모인 곳에는 나도 그들 중에 있
> 느니라[마 18:20]

말씀이 숨쉬는 육아

엄마, 친구들은 왜 그래요?

작은애가 학교에서 돌아온 어느 날, 이런 말을 합니다.
"엄마, 친구들이 욕도 하고 나쁜 말도 해."

이때, 어떤 반응을 해 주면 좋을까요?
"걔네는 왜 그런대니? 욕하고 나쁜 말 하는 친구들과 어울리지
마"라고도 할 수 있겠으나 우리는 다르게 반응해 볼게요.

"세상이 그렇게 악하단다, 하나님이 마음에 없기 때문이야."

로마서 1장 28절은 이렇게 시작합니다.
"또한 그들이 마음에 하나님 두기를 싫어하매~"
하나님을 마음에 두기 싫어하면 어떤 일들이 나타날까요?
'불의, 추악, 탐욕, 악의, 시기, 살인, 분쟁, 사기, 악독, 수군수군,
비방, 능욕, 교만, 자랑, 악을 도모, 부모를 거역, 우매, 배약, 무
정, 무자비'가 나타난다고 말씀하고 있어요.

덧붙여 시편 14편을 보면

> 어리석은 자는 그의 마음에 이르기를 하나님이 없다 하는도다
> 그들은 부패하고 그 행실이 가증하니 선을 행하는 자가 없도다
> 다 치우쳐 함께 더러운 자가 되고 선을 행하는 자가 없으니 하
> 나도 없도다[시 14:1,3]

이처럼 하나님을 마음에 두기 싫어하는 사람들이 많으면 세상은 악할 수밖에 없지요.
이때가 기회입니다!
이 악한 세상, 죄악된 인간을 위해 예수님이 오셨고 우리의 죄를 위해 십자가 지시고 부활하신 복음을 전해 줄 기회인 것이죠!

하나님 자녀 된 사람은 이 악을 따라가지 않고 말씀이 기준 되는 삶을 살아야 함을 권면해 주세요.
그리고 그 악한 환경에서 중심을 지키는 아이가 되도록 기도로 축복해 줍니다.

"하나님, 세상은 악하지만 나는 예수님 붙들고 끝까지 이겨 내길 원합니다. 나와 함께 하시고 도와주세요."

손해 보기 싫어하는 아이 있나요?

손해 보기 싫어하는 마음
내가 준 만큼 꼭 돌려받고 싶어 하는 마음
내가 당한 만큼 갚아 주고 싶어 하는 마음

저희 둘째에게 이런 마음이 많다는 것을 육아하면서 많이 느끼고 있었어요.
어떤 말을 해 줄까, 무슨 말이 도움 될까 하다가
예배 때 들은 신명기 말씀을 전하면 좋겠다 생각이 들었습니다.

> 그가 가난한 자이면 너는 그의 전당물을 가지고 자지 말고 해질 때에 그 전당물을 반드시 그에게 돌려줄 것이라 그리하면 그가 그 옷을 입고 자며 너를 위하여 축복하리니 그 일이 네 하나님 여호와 앞에서 네 공의로움이 되리라[신 24:12, 13]

가난한 자의 전당물은 그에게 이불입니다.
그 이불을 해가 지도록 돌려주지 않으면
그는 추위에 떨며 잠도 제대로 자지 못하겠지요.

그래서 하나님은 비록 내가 그에게 무엇을 꾸어 줄지라도
해 지기 전에 전당물을 그에게 돌려주라 말씀하신 것입니다.
전당물을 돌려받은 그는 하나님께 감사하며
자신에게 은혜를 베푼 그 사람을 축복하겠고
그 축복을 하나님이 이루어 주실 것이라 말씀합니다.

비록 내가 손해 보는 것 같이 느껴지지만
기꺼이 하나님의 마음을 가지고 긍휼을 베풀면
하나님이 축복해 주신다는 것을 이야기해 주었습니다.

또 오리를 가자는 사람에게 십 리를 같이 가 주고
속옷을 달라 하는 자에게 겉옷까지 내어 주는 사람이 되라 말씀
하시는 예수님을 이야기했습니다.

"'참아 주고 또 참아도, 왜 나만 참아야 해!' 하는 마음이 있는
사람?"
이 말이 끝나기가 무섭게 둘째가 손을 번쩍 듭니다. "저요! 저요!"

"나는 형아를 2년 넘게 참아 주고 또 참았어요!!"

"그래, 엄마도 알아, 네가 형을 많이 참아 주었다는 걸 말이야.
그런데, 말씀에서는 참아 주는 데에 그것도 '너그럽게' 참아 주
라고 말씀하셔.
참아 주기도 어려운데 그것도 너그럽게 참아주라니 너무너무
어려운 일이야. 그래서 우리는 예수님이 필요하단다. '예수님,
나는 너그럽게 참아 주기가 어려워요. 나를 도와주세요. 참을
수 있게 도와주세요.' 기도하면 돼."

말씀을 계속 먹이다 보면 소화되고 흡수되어 피와 살이 되리라
믿어요.
참아 주어도 억울해 하지 않는 날,
참아 주어도 너그럽게 또 참아 주는 날,

그날이 오기를 하나님 안에서 더욱 사모하게 됩니다.

모든 겸손과 온유로 하고 오래 참음으로 사랑 가운데서 서
로 용납하고[엡 4:2]

내 몸은 하나님의 성전

엄마는 어떻게든 밥을 먹이려 하고
어떻게든 건강한 것을 주고 싶어서
이렇게도 저렇게도 해 보지만
딱히 방법이 없을 때, 있지요?

저희 큰아이는 식사 시 한 숟가락 양 조절하는 것이 많이 어렵습니다.
'천천히 먹어라, 조금씩 넣어라, 꼭꼭 씹어라' 보는 사람마다 걱정스럽게 이야기해도 나아지는 것이 없었어요.

그러다가 '이 부분도 하나님께 기도하며 맡겨야겠다, 하나님 말씀에서 가르쳐야겠다' 생각이 들었습니다.

"네 몸은 하나님이 거하시는 거룩한 성전이야.
하나님 주신 몸을 소중하게 잘 지키고

말씀이 숨쉬는 육아

관리해야 하는 책임이 우리에게 있어."

"하나님, 우리 황희가 조금씩, 천천히, 꼭꼭 씹어 먹어서 하나님 주신 몸을 건강하게 잘 지켜 나가게 도와주세요."

"엄마는 너를 사랑해서 너를 건강하게 잘 키워야 하는 책임이 있는 사람이야,
그래서 미안하지만 네가 원하는 걸 사 줄 수 없어.
대신 엄마가 ○○ 해 줄게, ○○ 만들어 줄게."

내 몸을 건강하게 지켜 나가야 하는 이유를 말씀에서 찾습니다.
하나님이 역사하실 것을 믿으며 오늘도 기도하며 맡겨주신 자녀를 양육해 가요.

> 너희는 너희가 하나님의 성전인 것과 하나님의 성령이 너희 안에 계시는 것을 알지 못하느냐[고전 3:16]

마음 상태를 먼저 점검해요

"엄마 엄마, ○○이는 엄마한테 막 반말 써,
엄마한테 전화 왔는데도 응!, 왜? 끊어! 이렇게 말해."
"너는 그 모습이 어때 보였어?"
"보기 안 좋았어. 걔네 엄마가 어른이 보는 유튜브 다 볼 수 있
게 해 놨는데. 유튜브만 봐서 그런가 봐, 마음에 악이 가득한 것
같아."

아이도 이제는 깨닫는 것 같아요.
마음과 생각 속에 하나님 말씀이 아닌 다른 것(유튜브 등)이 가득
하면 엄마에게 함부로 말하고 엄마 말씀에 순종하지 않으려 한
다는 것을요.

그래서 아이의 버릇없는 모습만 질책할 것이 아니라
아이 마음 상태가 어떤지, 어떤 것에 마음이 지배되고 있는지
우리는 잘 살펴야 합니다.

말씀이 숨쉬는 육아

자꾸 세상으로 향하려 하는 마음을,
자꾸 자극적이고 악한 것을 쫓고 싶어 하는 마음을

우리는 말씀으로 또 말씀으로
끌어와야 하겠습니다.

그 일에 쉽게 지치지 말아요, 우리!

욕심을 다루는 Tip

눈에 보이는 것마다 사 달라는 아이.

나 혼자만 먹겠다는 아이.

내 거니까 절대 빌려줄 수 없다는 아이.

집에 같은 것이 있으니 안 된다고 얘기해 봐도 색깔이 다르고 캐
릭터가 다르다며 사 달라고 떼쓰는 아이, 있지요?
나눠 먹으라, 함께 놀아라 해도 절대 그럴 수 없다며 고집하는
아이, 있지요?

이 아이들의 공통점, 혹시 눈치채셨나요?
욕심이 아이 마음을 사로잡고 있다는 것입니다.
그럼 욕심이 잘못된 마음인가요?
욕심은 죄성을 가진 사람이라면 누구에게나 있습니다.

　　　　　　　　　　　　　　　말씀이 숨쉬는 육아

그. 러. 나!

욕심의 마음대로 행하려고 하는 게 문제가 된다는 점을 기억하면 좋겠어요.

욕심 때문에 결국 죄를 저지르고 패망에 이른 사람들이 성경에 여럿 나옵니다.
(아간의 범죄, 하나님이 사울 왕을 버리신 이유, 다윗의 밧세바 사건, 아나니아와 삽비라 등)

그럼 욕심이 잉태되어 장성하지 않도록 아이들을 어떻게 가르쳐야 할까요?

1. 욕심의 마음은 누구에게나 있지만 욕심대로 행해서는 안 되는 것을 알려 줍니다.

"욕심은 죄(사단)가 좋아하는 마음이야, 그 마음대로 행하면 결국 사람은 멸망하게 돼, 하나님이 원하시는 마음은 감사하고 만족하는 마음, 또 사랑으로 나누어 주고 함께하고 베풀어 주는 마음이란다."

더불어 엄마의 경험도 나누어 줍니다.
"엄마도 마트에서 필요한 것도 아닌데 눈에 보이니 사고 싶어지더라. 그런데 그게 욕심의 마음인 걸 알고 얼른 그곳을 빠져나왔지. 욕심대로 행하지 않아서 하나님도 기뻐하신 것 같았어."

2. 그러나 그 욕심은 내 힘으로 절제할 수 없으니 예수님께 도움을 구하면 된다고 알려 줍니다.

"나의 힘으로 욕심을 물리치기가 어려울 때가 많아, 그럴 땐 "예수님 도와주세요. 욕심내지 않고 감사하고 만족할 수 있게 도와주세요." 기도하면 하나님이 너의 마음을 도와주서."

3. 욕심의 마음인지 아니면 정말 필요해서인지 구별할 수 있게 안내해 줍니다.

"이것이 정말 너에게 필요한 것인지 아니면 갖고 싶어서 그런 것인지 네 마음을 한번 살피고 생각해 봐, 그리고 엄마와 이야기 나누자."

→ 욕심이었다고 말하면 : 욕심대로 하지 않은 너를 하나님이 기뻐하시고 축복하실 거야!

→ 정말 필요한 것이라고 한다면 : 소중하게 잘 사용하라고 흔쾌히 사 줍니다.

열왕기하 5장에서 병 고침을 받은 나아만이 엘리사에게로 나아와 예물을 드리려 했지만 엘리사는 거절하였습니다. 그러나 게

하시는 나아만의 뒤를 쫓아가 거짓말까지 하며 은 두 달란트와
옷 두 벌을 받아서 집으로 가져옵니다.
아이들에게 물었습니다.

"게하시는 무엇 때문에 거짓말을 해서까지
그 예물들을 받아오려 했을까?"
"욕심이에요!"
욕심이 게하시를 지배해 버렸음을 아이들은 발견했습니다.
결국 게하시는 나병에 걸렸고 그 자손까지 영원토록 나병에 걸
리는 저주를 받게 되지요.

갖고 싶고 먹고 싶은 욕심뿐 아니라
잘하고 싶은 욕심이나 인정받고 싶은 욕심이 마음을 지배하지
못하도록 날마다 말씀으로 자신을 점검하는 일은 이처럼 매우
중요합니다.

하나님, ○○○○?

하교하고 온 아이가 속상함을 토로합니다.
"애들이랑 보드게임 하려 하는데 ○○가 나한테 "넌 빠져"라고
말했어."
"태희야, 그럴 때 이렇게 하면 돼."

"하나님, 들으셨죠?"
"하나님, 보셨죠?"

하나님이 사랑하시는 자녀는
하나님이 지키심을 믿어요.

온전히 하나님께 올려 드려요.

여호와여 귀를 기울여 들으시옵소서 여호와여 눈을 뜨고 보

시옵소서 산헤립이 사람을 보내어 살아 계시는 하나님을 훼

방한 모든 말을 들으시옵소서[왕하 37:17]

아무도 날 알아주지 않는다 해도

"엄마, 걔 진짜 나빴어, 내가 만들어 준 종이 로봇을 다른 친구에게 줬대."
"정말? 너 진짜 속상했겠다."

아이가 만든 종이 로봇을 보고 친구가 자기도 만들어 달라 했다며 아들은 정성을 다해 만들었습니다.
자기 것보다 더 예쁘고 깔끔하게 만들었는데 그 친구가 다른 친구에게 그냥 줘 버렸으니 마음속에 서운함과 속상함이 가득했을 거예요.

"태희야, 네가 그 친구를 위해 얼마나 정성을 쏟고 마음을 다해 종이 로봇을 만들었는지 그 친구는 모르는가 봐."
"응, 맞아요. 몰라 걔는."
"그런데, 그 친구는 몰라줘도
그런 너의 마음을 아주 잘 아시는 분이 있어,

누군지 아니?"

"하나님!"
"맞아, 하나님이셔! 그리고 또 엄마도 알아. 네가 얼마나 시간과
정성을 들여서 만들었는지 엄마도 안단다."

나를 알아주는 사람이 있고 또 그런 인생을 살아간다는 것은 참
복된 일이에요.
그러나 자신을 알아주지 않는다고 실망하고 슬퍼하는 인생을
아이가 살기를 원하지는 않아요.
눈에 보이지 않아도 나를 아시고 사랑하시는 하나님이 함께 하
신다는 것,
아이에게 꼭 알게 해 주고 싶었어요.

오른손이 하는 것을 왼손이 모르게 하라 하셨지만 하나님은 다
보고 알고 계시니까요.

착해야 하는 이유

저는 착하다는 말을 많이 듣고 자랐습니다.

그러나, 왜 착해야 하는지 아무도 알려 주는 사람이 없었어요.

착하지 않으면 부모님에게 혼나거나 다른 사람이 나를 싫어하기 때문이 아닐까 짐작만 했죠.

또 착하면 한번 더 사랑해 주고 관심 가져 주고 예뻐해 주니까 착해야 하는 줄 알았어요.

그러나 착한 아이에 매여서 나다운 삶을 살지 못한 것을 많이 아파했었기에 우리 아이들에게는 착하다는 말로 마음에 부담을 주지 않으려 합니다.

그러던 중 바리스타 자격증을 위해 커피를 배우는 시간이 있었습니다. 대뜸 선생님이 저에게 그러시는 거예요.

"선인 씨, 참 착해."

말씀이 숨쉬는 육아

도움이 필요한 순간에 먼저 엉덩이를 뗐을 뿐인데
이전과는 다르게 그 말이 참 기분 좋게 들렸습니다.
이유는 착해야 하는 관점을 달리했기 때문이에요.
착하게 살아야 하는 이유는 바로 말씀 속에 있습니다.
나의 착한 행실이 하나님을 높이고 하나님을 드러나게 한다는
것이에요!

저의 그 경험을 아이에게도 전달하고 싶었습니다.
"얘들아, 우리가 왜 착하게 살아야 하는지 아니?"
"모르겠어요."
"그건 너를 통해 하나님이 높임을 받으시기 때문이야. 너의 착
함을 보고 '아, 나도 너처럼 하나님 믿고 싶다'
하게 되거든."

아이가 알아들었다는 듯 "아하!"를 내뱉습니다.
"이 중요한 것을 엄마도 어렸을 적 알았다면 좋았을 텐데 엄마도
몰랐었어.
너희는 알게 되었으니 꼭 기억해야 해."

착하게 살아야 하는 이유를 아이에게도 꼭 알려 주시길 바라요.
그래야 착함에 매이는 삶을 살지 않게 됩니다.

이같이 너희 빛이 사람 앞에 비치게 하여 그들로 너희 착한 행실을 보고 하늘에 계신 너희 아버지께 영광을 돌리게 하라[마 5:16]

말씀이 숨쉬는 육아

짧은 대화라도 기회가 됩니다

"엄마, 우리 반에는 교회 다니는 애들이 거의 없어,
부처님 믿거나 교회에 안 나가는 아이들이야."
"그래? 그 친구들은 사람이 만든 신, 죽어 있는 신을 믿는 거야,
그런데 우리는 살아 계시는 하나님을 믿는 사람들이지."

"그들과 함께 지내지만
네가 그들을 따라가는 게 아니라
그들이 너를 따라오게 만드는 거야.
살아 계신 하나님이 너와 함께하시니 할 수 있어!
그렇게 생각해 보니 어때? 심장이 두근대지?"
"응, 엄마! 기뻐!"

아이와 나눈 짧은 대화였지만 저의 마음이 뜨거워지는 것을 느꼈습니다.

아들과 함께하시는 하나님이 아들을 통해 이루실 일들을 기대하게 됩니다.

우리도 물어요!

> 그 아들들이 그의 태 속에서 서로 싸우는지라 그가 이르되
> 이럴 경우에는 내가 어찌할꼬 하고 가서 여호와께 묻자온대
> [창 25:22]

태 속에서부터 싸운 형제들, 태생부터 죄인임을 여실히 보여 줍
니다.
어찌할 수 없는 상황에서 리브가는 하나님께 묻습니다.

자녀들이 다투고 싸운다면
우리도 무조건 하나님께 물으러 나아가요.
"하나님, 어찌하면 좋을까요?"
리브가에게 답하셨던 하나님은 그때나 지금이나
여전히 동일하신 하나님이세요.
구하는 자에게 반드시 답을 주실 것입니다.

같은 문제로 반복해서 싸운다 해도
또 물어보는 거예요.

지난번과 같은 답을 주실 수도
아니면 또 다른 답을 주실 수도 있어요.
하나님은 한계가 없으시니까요.

중요한 건
엄마인 우리가 하나님께 먼저 묻는 것입니다.
어떤 기이하고 놀라운 답을 주실지
기대하면서 말이에요.

남의 떡이 더 커 보이나요?

"엄마엄마, 친구 ○○네 집은 욕조가 여기서부터 저기까지래,
엄청 크지?"
"어 그래? 근데 우리 집에 있는 욕조도 커, 엄마가 누워도 다 되
는걸?"
"아니야! 그 친구네 집 욕조는 우리 집 거랑 비교도 안 되게 엄청
엄청 크대!!"

참, 그게 뭐라고 아이가 목에 핏대를 세우며 말할까요?
그리고 이럴 때, 우리는 아이에게 어떤 말을 해 주면 좋을까요?

"그럼 걔네 집 가서 살아!" 말하고 싶은 마음이 굴뚝이지만
그렇게 끝내면 엄마에게도 아이에게도 아무 남는 것이 없잖
아요.

아이 마음에 무엇이 가득하길래 엄마 말도 받지 않고 친구네 욕

조가 크다는 말만 하고 있을까요?

아이에게 질문했습니다.
"태희야, 친구 집 욕조가 크다고 말한 너의 마음속에 무엇이 가
득한 것 같았어?"
"부…러운 마음?"
"오! 잘 찾았어!
네 마음에 그 친구 집 욕조가 큰 게
부러웠던 거야. 그런데 그거 알아?
부러워하는 마음이 가득하면 내게 주신 것에 대한 감사가 없어
져 버려. 하나님은 감사하는 사람을 기뻐하신단다."

아이의 마음을 순간 지배하고 있는 것이 무엇인지 살피면 그
마음으로부터 빠져나올 수 있게 말씀과 기도로 인도할 수 있게
됩니다.

마음을 살피는 것이 어려우면 나의 마음을 먼저 살펴보면 돼요.
어떤 생각에 사로잡혀 있는지, 어떤 마음이 나의 안에 가득한지
관심 갖고 살펴보면 아이의 마음도 쉽게 찾을 수 있습니다.

아이의 억울함

말씀에서 답을 찾습니다

"엄마, 내가 한 것도 아닌데 친구들이 내가 했다고 했어."

"정말? 진짜 억울하겠다…"

아이를 위로하고자 여러 말을 이어 나갔지만 그 말이 아이 귀에

하나도 들리지 않는 듯 느껴졌어요.

'역시 이번에도 말씀밖에 없구나, 어떤 말씀이 좋을까?'

아이와의 예배 시간에 아이가 갑자기 시편을 읽고 싶다고 펼칩

니다.

"엄마, 내가 혼자서 시편을 34편까지 읽었거든, 35편은 엄마랑

읽고 싶어."

"그래! 엄마랑 읽자."

1절부터 심상치 않은 말씀이 펼쳐집니다.

1:여호와여 나와 다루는 자와 다투시고 나와 싸우는 자와

싸우소서.

7:그들이 까닭 없이 나를 잡으려고 그들의 그물을 웅덩이에 숨기며 까닭 없이 내 생명을 해하려고 함정을 팠사오니

"어머 태희야! 완전 태희의 상황 같아! 물론 다윗은 죽임까지 당할 상황이었지만."
"엄마, 나도 내 친구들이 나한테 한 행동이 생각나."
눈이 동그래진 아이가 흥분하며 이야기합니다.
"하나님이 네가 당한 일을 다 보시고 너를 위로하고 싶으셨나 봐, 그래서 이 말씀을 읽게 하신 거야!"
"우와~~"
"다윗이 어떻게 하나님께 울분을 토하는지 계속 읽어 가 보자."

26:나의 재난을 기뻐하는 자들이 함께 부끄러워 낭패를 당하게 하시며 나를 향하여 스스로 뽐내는 자들이 수치와 욕을 당하게 하소서.

"태희야, 다윗은 자기 손으로 원수와 싸우려고 하지 않았고 하나님이 해결하시도록 맡겨드렸네!
태희를 억울하게 한 친구들을 하나님께 맡겨드려 봐, 하나님이

해결하실 거야."

아이가 마침 기도를 합니다.

"하나님, 나를 싫어하고 아프게 하고 억울하게 하는 친구들을
하나님께 맡겨드립니다.
하나님이 해결해 주세요."

우쭐대고 싶을 때 다윗을 기억해요

역대상 21장의 다윗의 인구조사에 대한 설교를 듣고
'아이와 나누어야겠다'는 마음이 들었습니다.

"다윗이 이스라엘 사람을 계수했는데 그 일이 하나님 보시기에
어떻다고 나와 있어?"
"악하다고 나와."
"맞아, 그런데 그 일이 왜 하나님 보시기에 악했을까? 다윗은
무엇 때문에 이스라엘 사람들을 세어 보려고 했을까 생각해 보
면 돼."

"'내가 이렇게 잘했어!, 내가 해낸 거야!' 하는 마음 때문에?"
"오~ 맞아, 잘 찾았어! 다윗이 어디로 가든지 이기게 하시고 은
혜 주신 분이 하나님인데 다윗은 그 순간 하나님을 놓친 거지."

그리고 설교에서 들었던 헤롯왕 이야기도 해 주었습니다.

"헤롯이라는 왕이 사람들 앞에서 말했을 때 사람들이 감동하고 신의 목소리라 칭송했어. 그런데 헤롯은 그것을 하나님께로 영광을 돌리지 않고 자기가 다 취했어. 그래서 하나님이 어떻게 하신지 알아?
벌레에 갉아먹혀 죽게 하셨어"
"으~ 사나운 사자도 아니고 벌레에 갉아먹혀 죽었다니…"

"하나님을 밀어내고 자기 자신이 그 자리를 차지하는 것을 결코 기뻐하지 않으시는 거야. 이 이야기를 들으면서 넌 무엇을 느꼈어?"
"내가 잘 못했어도 하나님께 감사해야겠다고 생각했어."
"우와~ 맞아! 잘 못하고 잘 안되어도 괜찮은 거야. 오히려 잘 될 때에 하나님을 잊기 쉬운 우리는 사람이기 때문에. 너와 말씀 나누는 이 시간이 참 좋다~!"

사탄이 일어나 이스라엘을 대적하고 다윗을 충동하여 이스라엘을 계수하게 하니라
하나님이 이 일을 악하게 여기사 이스라엘을 치시매[대상 21:1,7]

뜻을 정한 다니엘처럼

"친구들이 모여서 게임하고 있는데 그게 넘 부러웠어."
눈물을 터뜨리며 이야기하네요.
학원에 옹기종기 모여 게임하는 애들을 보니
아이도 함께하고 싶었던 마음이 컸나 봅니다.
근데 그게 아이에게는 너무나 당연하지요.

하지만 아이는 하나님 자녀라는 신분을 잊지 않았습니다.

"태희야, 엄마도 알아,
그러나 하나님이 너의 선택을
기뻐하시고 축복하실 거야."

당연한 것들을 버려야 하는 삶

죄인들의 길에 서지 않는 삶

말씀이 숨쉬는 육아

내침을 당할 수도 있고
외톨이가 될 수도 있지만
그 길에 아이 홀로 서 있지 않도록
엄마가 말씀으로 기도로
힘이 되어 주고 축복을 해 주어야겠습니다.

부정한 음식은 결코 먹을 수 없노라
뜻을 정했던 다니엘을
하나님이 축복하신 것처럼

우리 아이들이 하나님의 뜻대로
믿음의 선택들을 해 나갈 수 있도록
함께 기도해 주어요.
하나님이 상 주실 것을 바라봄으로 믿음의 길을 함께 걸어 나
가요.

우리 모두 죄인이기에

"내 거야!"
작은아이가 안고 있던 판다 인형을 큰아이가 휙 뺏어 갑니다.
인형을 빼앗긴 아이는 시무룩하게 저를 쳐다봅니다.

"태희야, 나는 내 거밖에 모르고
다른 사람도 자기 거밖에 모르기 때문에
예수님이 우리에게 오신 거야.
우리를 사랑하시기에 자신의 몸과 피를 아끼지 않으셨던 그
사랑이 무엇인지 가르쳐 주시려고 말이야. 예수님께 기도하면
예수님이 우리의 마음을 움직이셔서 사랑할 수 있도록 도와주
신단다."

양보하지 않는다고
나누지 않는다고
핀잔할 것 없습니다.

말씀이 숨쉬는 육아

다만, 가르쳐 주세요.

사랑을 모르는 죄인에게
사랑이 무엇인지 가르쳐 주시는
예수님이 우리에게 너무나 필요하다고요.
예수님께 도움을 요청하면
언제나 들어주신다는 것을요.

기회로 삼아요

우상 숭배가 무엇인지

"엄마, 유튜브에서 마인크래프트로 조회수가 가장 높은 유투버
가 누구인지 알아요?"
"글쎄…"
"휘*이라는 유투버야, 밥 먹는 시간 말고는 마크만 한 대."

이때가 기회이다 싶었습니다.
'우상 숭배'가 무엇인지 알려 줄 절호의 기회!!

"그 사람의 마음은 게임으로만 가득하네!
정말 불쌍하고 안타까운 인생이지!
하나님이 계셔야 할 마음의 의자에 하나님이 아닌
다른 것이 앉아 있는 것이 '우상 숭배'인 거야."

"하나님과 우상은 같이 섬길 수 없다고 하셨어.
그 사람은 게임이 우상이지!"

말씀이 숨쉬는 육아

나의 마음의 보좌에 누가 앉아 있는지
날마다 살피는 일은
아이뿐 아니라 어른인 우리에게도 중요합니다.

세상에 마음을 빼앗기지 말고
나를 유혹하는 것들에 미혹 당하지 않고
예배할 대상은 오직 하나님 한 분이라는 것을
꼭 기억해야 하겠습니다.

세상 억울한 아이, 어떻게 할까요?

저희 둘째는 세상 억울한 일이 많습니다.
사실 억울한 일보다는 억울하다고 느끼는 경우가 대부분이지
만요.

억울한 일을 당했던 여러 성경 인물들에 대해
이야기할 기회를 드디어 잡았습니다.

"태희야, 너도 억울할 때가 많지?
근데 성경 인물 중에도 억울한 일을 당한 사람들이 많이 나와,
누가 있을까?"
"다윗이요! 다윗은 아무 잘못도 안 했는데 사울한테 쫓겨 다녔
잖아요."
"오 그래 맞아! 그리고 또?"
"예수님! 아무 죄도 없으셨는데 십자가에 달려 돌아가셨으
니까!"

말씀이 숨쉬는 육아

아이가 예수님을 이야기하다니 놀랐습니다.

"엄마, 요셉도 있어! 요셉은 아무 잘못도 안 했는데 억울하게 감옥에 갇혔었잖아."
"태희야, 이렇게 성경에서 억울한 사람들 이야기를 통해 느끼는 게 있어?"
"아, 내가 겪는 억울함은 아무것도 아니구나."
성경만큼 강력한 것은 없음을 또 깨닫습니다.

"억울한 일을 당할 수 있지만 하나님은 그때도 꼭 지켜 주시고 도와주시는 분임을 기억해야 해."

세상이 나를 몰라줄 때,
하나님은 나를 아시고 나를 도와주신다는 것,
우리도 꼭 기억하면 좋겠습니다.

나를 싫어하는 친구가 있나요?

"엄마, 나 학교에서 울었어."
"어머 정말?"
"친구들과 축구하는데 내 실수로 친구가 넘어졌거든, 근데
"너랑 다시는 같이 축구 안 해! 너는 빠져!" 이렇게 말해서 울
었어."

아이가 말한 그 친구에 대해 종종 들은 적이 있습니다.
명령조로 말하거나, 자신이 선생님인 것처럼 친구들을 대하는
가 봅니다.

"나는 ○○이랑 잘 지내고 싶은데 걔는 나를 왕따시키는 것 같아."

우리 아이를 통해 친구들이 복 받게 해 달라는 기도에 이미 이
친구도 포함이 되어 있습니다.
"태희야, 우리가 너를 통해 친구들이 복 받게 해 달라는 기도에

○○도 포함되어 있잖아?
하나님이 그 친구의 마음을 만져 주시고 변화 시켜 주실 걸 믿고
계속 기도해 보자. 알았지?”

바로 응답이 되지 않더라도 인내를 가지고 기도하면
마침내 하나님이 그 응답의 순간을 아이에게 허락하실 것을 믿
습니다.

또한 아이의 이런저런 말에 엄마의 흔들리지 않는 단단한 마음
과 믿음이 더욱 요구되는 것 같습니다.

갖고 싶은지 vs 필요한지

"엄마, 나 문구점에서 뭐 살 게 있는데 사도 돼요?"
"그래? 그럼 그걸 왜 사야 하는지 엄마를 설득해 줘 봐."
"으응~ 사실은 친구가 새로운 장난감을 샀더라고…
그래서 나도 해 보고 싶어서…"
"친구가 가지고 있는 게 부러웠구나?"

고개를 끄덕이는 아이에게 말을 이어 갔습니다.
"친구가 갖고 있는 게 부러워서 나도 사야겠다는 마음이 든 거지? 그건 무슨 마음일까, 바로 욕심의 마음이야. 부럽고 질투 나서 나도 갖고 싶고 사고 싶다는 마음인 거지."
.

.

"나도 알아요, 엄마…"

이전에 욕심이 무엇인지 성경을 통해 알려 준 것을 아이가 기억하고 있었네요!

"엄마도 알록달록 원피스 위에 검정 카디건이 있으면 좋겠다고 검색하는 순간, 아 이건 욕심이야 하고 핸드폰을 얼른 닫아 버린 적이 있었어. 네가 공부하고 무언가 하는 데에 필요한 것이라면 엄마가 기꺼이 사 줄 수 있어."

욕심대로 행하지 않는 것, 하나님이 분명 기뻐하시리라 믿어요.

욕심이 잉태한즉 죄를 낳고 죄가 장성한즉 사망을 낳느니라
[약 1:15]

믿음의 훈련장

만들기를 하던 아이가 뜻대로 잘 안 되는지 좋지 않은 말을 내뱉습니다.

"태희야, 그 말은 네 입에 담으면 안 되는 말이야."
"그런 말 하는 친구들이 많아서 나도 모르게 따라 했나 봐."

"있잖아, 하나님의 말씀은 전해지기가 어려운데 죄는 빨리 퍼져나간단다.
그런데 우리는 하나님의 자녀이기에 말씀으로 중심을 잘 지키는 게 중요해.
그런 아이들 속에서 네가 지금 그렇게 훈련받고 있는 거야."

"그 아이들은 예수님이 없어 욕도 하고 불평하고 원망하지만
우리는 곁에 예수님이 계신다는 걸 꼭 기억해."

말씀이 숨쉬는 육아

훈련받는다는 생각을 하니 아이 마음도 좀 편안해진 듯합니다.

아이뿐 아니라 우리도 악한 세상에서 믿음의 훈련을 받고 있습니다.

훈련을 잘 이겨 내는 것, 내 힘이 아닌 성령께서 함께하시기에 할 수 있습니다!

너희는 이 세대를 본받지 말고 오직 마음을 새롭게 함으로 변화를 받아 하나님의 선하시고 기뻐하시고 온전하신 뜻이 무엇인지 분별하도록 하라[롬 12:2]

예수님의 마음과 사랑으로 미션 주기

아침 식사 자리에서 아이들에게 미션을 하나 주고 있습니다.
"예수님의 마음과 사랑으로 오늘은 무엇을 해 볼까, 미션이야!
친구를 축복해 주는 말을 해 보기!"

먼저 축복해 주고 싶은 친구가 있는지 물었습니다.
"장○○."
"나는 신○○."
좋아! 그 친구에게 이렇게 말해 보는 거야.
"너는 참 좋은 친구야, 너에게 복 주실 거야."

아이가 질문합니다.
"근데 엄마, 걔한테 어떻게 복을 줘요?"
"응, 복은 하나님이 주시는 거야, 네가 그 친구를 축복하고 사랑
을 베풀면 그 친구가
'사랑이 이렇게 좋은 거구나' 하고 마음에 변화가 생기게 될 거

말씀이 숨쉬는 육아

든, 그것이 바로 하나님이 주시는 복인 것이지."

아이가 미션을 잘 수행할 수도 있고 그렇지 않을 수도 있겠지만 씨 뿌리는 수고를 앞으로도 계속하려 합니다.

"네가 그 일을 수행했다면 하나님이 도와주셔서 그렇게 할 수 있게 해 주신 거야. 그러나 네가 그 일을 하지 못했다고 해서 마음에 죄책감을 갖지는 마, 언제나 하나님께 도와달라고 나오면 하나님은 너를 반겨 주시고 너에게 힘을 주셔서 할 수 있게 도와주신단다."

이 두 가지는 꼭 기억하여 아이에게 들려주어야겠습니다.

방문을 잠그는 아이

반드시 일러 줄 이야기

사춘기가 시작된 아이는 방문을 닫고 있다 못해
아예 문을 잠그고 있는 날이 많아졌습니다.

'존중'이라는 이름하에
아이의 그런 행동을 이해하고 아이를 부를 때마다 노크를 했습
니다.

그러다 아빠도 아이가 방문을 잠그고
있다는 사실을 알게 되었어요.
"문 잠그지 마! 알았지!"

이유 불문하고 아이에게
방문을 잠그지 못하게 하는 남편의 태도에 반박하고 싶었지만
아빠로서의 권위가 있기에 토 달지 않았죠.
그래도 아이를 존중해 주었으면 하는

말씀이 숨쉬는 육아

아쉬움이 한 켠 있었습니다.

.

.

며칠 만에 미뤄 둔 책을 폈습니다.
자녀들이 매일 접하는 세계 속으로 들어가 보라는 부분을 읽던 중,
"죄의 유혹을 받는 곳이 어디인가"[1]에
제 눈과 생각이 멈추었습니다.
'그곳은 다름 아닌
혼자 있는 공간'이구나!!

아이를 조용히 불러 물었습니다.
"태희야, 아빠가 문 잠그지 말라고 하셨는데
왜 그러신 것 같아?"
"핸드폰하고, 재미있는 것 보고, 게임하고 그럴까 봐."
"맞아! 그 말을 다시 말하면
죄의 유혹에 빠지기 쉽기 때문인 거야!"

"오~~~@.@"

---

1 《위기의 십대 기회의 십대》, p.315.

아이 눈이 휘둥그레집니다.

"엄마도 생각해 보니 아무도 없이 혼자 있을 때,
너희들 다 잠들고 혼자 있는 시간이
죄의 유혹이 가장 클 때라는 걸 알았어.
아빠도 네가 죄의 유혹에 빠지지 않도록,
죄 가운데서 건져 내야 하기 때문에
방문을 잠그지 못하게 하신 거란다!"

이제는 남편의 숨겨진 뜻이 분명히 헤아려졌습니다.
마침, 그 순간에 책을 읽게 하시고
중요한 진리를 알게 하신 하나님께
참 감사했습니다.

이제는 여러분들도 분명히 말해 주세요.
"죄의 유혹에 빠지지 않도록 엄마가 ~~게 하는 거야."

말씀이 숨쉬는 육아

순간을 말씀을 전하는 기회로

"엄마, 친구들이 내 색연필을 계속 빌려 가요.
그만 쓰라는데도 "한 번만 한 번만" 하면서
계속 써요!"

학교에서 돌아온 아이의 입에 불만이 가득합니다.
새 학기 때 넣어 준 색연필이 벌써 저렇게나 닳으니 아이도 참
속상하겠지요.
말씀으로 아이를 키우는 데에 별 생각이 없었다면 자신의 감정
을 말로 표현하도록 격려하는 것으로 그쳤을 거예요.
"이제 그만 빌려주고 싶어, 나도 써야 해" 하고 말이죠.

그런데 말씀이 생각났어요.

주는 것이 받는 것보다 복이 있다[행 20:35]

"태희야, 엄마가 보관하고 있었던 색연필을 너에게 주었을 때 엄마 마음이 참 기뻤어. 그것을 갖고만 있었다면 아무도 쓰지 못하고 버리게 됐을지도 몰라, 근데 너에게 필요한 것을 주어서 엄마 마음이 참 좋았어."

"네 친구들도 그 색연필이 써 보고 싶고 또 필요한가 봐. 마음껏 빌려줘 봐, 엄마가 너에게 주었던 기쁨이 너에게도 생길 거야."

"닳아서 없는 색깔은 엄마가 또 채워 넣어 줄게. 네가 빌려주고 나누는 것을 통해 친구들이 예수님의 사랑을 알게 될 거야."

아이의 얼굴에 환한 미소가 번졌습니다. 오늘도 아이를 말씀으로 양육할 수 있도록 순간의 기회를 놓치지 않은 것이 감사합니다.

말씀이 숨쉬는 육아

예수님의 사랑으로 넉넉한 사랑을 할 수 있는 아이들이 되기를
오늘도 기도합니다.

신앙인의 칭찬, 이렇게 해 봐요

자녀를 칭찬할 때 어떻게 칭찬하고 계시나요?
'구체적으로 칭찬하라', '과정을 칭찬하라' 그런 말들을 많이 들어 보셨을 거예요.
다 맞는 말입니다.

그. 러. 나!!
저는 다른 관점에서 이야기를 드리고 싶습니다.

만세 전부터 나를 태어나게 하시고 나의 자녀를 태어나게 하신 분은 바로 하나님입니다.
그렇기에 나도 하나님의 자녀이지만 내 자녀도 하나님의 것이지요.

즉, 하나님으로부터 왔기에 나의 잘하고 못함은 하나님께 달려 있다는 뜻이에요.

블록 쌓기를 잘하는 아이가 있는 반면, 그림을 잘 그리는 아이가 있고, 돌이 되기도 전에 걷는 아이가 있는 반면 두 돌이 될 때까지 부모 마음을 애타게 하는 아이도 있습니다.

특별한 재능을 주신 분도 하나님이시면, 조금 더디더라도 하게 하시고, 가게 하시는 분도 하나님이십니다.

그래서 칭찬은 하나님이 받으셔야 하는 것이죠!

"하나님이 너를 ~하게 하셨구나!"
"하나님이 지혜를 주셔서 해냈구나!"

매 순간 하나님을 인정하고 높이는 삶을 자녀들에게 실천하다 보면 어느새 아이의 입술에 놀라운 고백이 담겨 있는 것을 보게 될 것입니다.

"엄마, 봐 봐요. 하나님이 내게 지혜 주셔서
이렇게 해냈어요!"

화낸다고 아이가 달라지던가요?

"너, 한 번만 더 그래 봐!"
"엄마가 대체 몇 번이나 말해야 해!"

엄마도 사람이기에 화낼 수 있어요.
그러나 '나는 왜 화 먼저 낼까? 나는 왜 화를 쉽게 낼까?'에 대해
생각해 볼 필요성은 분명히 있습니다.

아이의 행동을 쉽게 통제하려고 하기 때문이에요.
화낼 당시는 아이 행동이 수정되고 고쳐지는 듯 보입니다.
화는 아이의 행동을 빠르게 통제할 수 있는 수단이지요.
그러나 얼마 안 가서 똑같은 행동을 반복하는 아이를 마주한 적,
많으실 거예요.
왜 그럴까요?

내가 그 행동을 하면 왜 안 되는지에 대한 내적 동기가 없기 때

　　　　　　　　　　　　　　말씀이 숨쉬는 육아

문입니다. 즉, 내적 동기가 있어야 행동에 변화를 가져온다는 것이지요.

예를 들어 볼게요.

동생과 다투고 싸울 때마다 엄마가 화내는 게 무서워 억지로 양보하고 나누는 아이

vs

동생은 사랑해야 하는 대상이며 함께하고 나누는 것에 기쁨을 아는 아이

표면적으로는 별 차이 없어 보이지만 아이의 마음에는 큰 차이가 있습니다.

그렇다면 내적 동기, 마음의 변화는 어떻게 이루어지는 것일까요?

바로 '하나님의 말씀'으로부터 입니다.

마음을 변화시키시는 하나님이 말씀을 통해 아이의 마음에 역사합니다.

엄마가 변화시킬 수 없는 마음과 행동을 하나님은 능히 바꾸십니다.

내가 하려고 했기 때문에 쉽게 화를 냈다는 것을 인정하면,
화를 내어도 내가 변화시킬 수 없다는 것을 인정한다면,
이제는 하나님께 맡길 때입니다.
아이들의 욕심과 다툼에, 서로 사랑하지 못함에 그 모든 문제와
어려움을 기도로 가지고 나아가는 엄마가 되게 됩니다.

"하나님, 도와주세요. ○○의 마음을 어루만져 주셔서 사랑할
수 있는 마음으로 변화시켜 주세요."
"하나님, 화가 나려고 합니다. 그러나 내가 변화시킬 수 없음을
인정합니다.
화를 가라앉게 해 주셔서 아이들에게 꼭 필요한 메시지를 전할
수 있게 지혜를 주세요."

말씀이 숨쉬는 육아

아이는 나를 사랑합니다.
그러나 나는 하나님을?

가만히 앉아 있는 제게 둘째가 돌진하여 볼에 뽀뽀를 합니다.
사랑을 표현하는 아이가 왜 이리 사랑스러운지요.
그때, 스치고 지나가는 생각이 하나 있었습니다.

'사랑을 표현하는 일이 사랑을 더욱 풍성하게 하는데 나는 하나
님에 대하여 이러한 사랑을 표현하고 있는가…'
사랑하면 함께 있고 싶어 하고 그 사람의 말을 따르고 싶어 하
는데 나는 하나님을 과연 사랑한다고 할 수 있는가…
그저 하나님께 죄송하고 부끄러웠습니다.

마침 요한계시록 말씀에서도
처음 사랑을 버린 것에 대해 책망하시는데
내가 가진 열심이 사랑 없이 행하는,
그저 의무적으로, 해야 하니까 하는 것이 아니었나
제게 큰 찔림과 울림으로 새겨졌습니다.

하나님을 어떻게 하면 더 사랑할 수 있을까요?

그래서 말씀을 더욱 가까이하고
내 마음에 하나님 외에 다른 것 두지 않기를,
내가 하는 모든 것이 하나님 사랑으로부터 나오기를
다시 결단합니다.

그러나 너를 책망할 것이 있나니 너의 처음 사랑을 버렸느
니라[계 2:4]

말씀이 숨쉬는 육아

친구들이 내 아이를 괴롭게 한다면?

친구들이 내 아이를 놀리고 괴롭힌다면,
엄마로서 어떻게 대처하는 것이 좋을까요?
참 어려운 문제입니다.
어떻게 해야 좋을까 고민하고 또 주변에 도움을 구하거나 필요
시 담임 선생님과 면담을 해야 될 때도 생깁니다.

둘째 1학년 때, 같은 반 아이 몇 명이 자신을 놀리고 마음을 괴롭
게 한다는 이야기를 아이에게 들었습니다.
그래서 종종 배가 아프다, 학교에 못 가겠다 하는 말도 했었
어요.
가슴을 쥐어 잡고 힘겨워하는 아이를 보니 말할 수 없는 아픔이
밀려왔습니다.

그때, 성경 말씀이 생각났습니다.

원수 갚는 것이 내게 있으니 내가 갚으리라[히브리서 10:30a]

"태희야, 우리 기도하면서 이 어려움을 이겨 나가 보는 거 어때?
엄마랑 해 보자!"

"응!"

"널 괴롭게 하는 친구들 누구누구인지 엄마에게 말해 줘"

아이가 말하는 대로 종이에 이름을 적었습니다.

"유○○, 이○○, 최○○."

그리고 하늘을 향해 종이를 펴 보이고 말했습니다.

"하나님, 똑똑히 봐주세요! 이 친구들이 우리 태희를 괴롭게 합
니다. 하나님이 도와주시고 해결해 주세요!
엄마랑 아침저녁으로 기도하자, 하나님이 해결해 가시는 걸
보자."

복음을 직접 경험할 수 있는 아주 귀한 기회임을 믿고 하늘에 기
도를 올려 보내기를 하던 어느 날, 학교에 다녀온 아이가 또 다
른 친구로 인해 괴로운 일이 있었다며 말을 꺼냅니다.

"그래? 그 친구 누구야?" 묻는 순간,

"엄마, 괜찮아요, 내가 직접 하나님께 이를 거야."

"와, 좋았어! 하나님께 빠짐없이 다 말하렴!"

하나님은 나를 도와주시는 분이고 나의 어려움을 해결해 주는 분이신 것을 아이가 삶으로 경험해 가고 있음을 봅니다.

결과가 어떻게 되었냐고요?
두 명은 전학을 갔고, 다른 한 명은 서로 오해가 풀려서 지금은 좋은 친구로 지내고 있습니다.

우리의 자녀는 하나님의 것이에요!
하나님께 맡기면 하나님이 책임지십니다!

> 여호와여 귀를 기울여 들으시옵소서 여호와여 눈을 뜨고 보시옵소서 산헤립이 사람을 보내어 살아 계시는 하나님을 훼방한 모든 말을 들으시옵소서[왕하 37:17]

아이와 말씀 나누기 Tip

"자녀와 어떤 말씀을 나누어야 하나요?"
"무슨 말씀을 본문으로 골라야 할지 모르겠어요."
혹시 이런 고민이 있으셨다면,
가장 접근하기 쉬운 첫 번째는 '**주일 예배 때의 말씀**'입니다.

'무슨 말이에요? 아이들도 주일 학교에서 예배드리고 말씀 듣는
걸요?' 라고 생각하실 수 있어요.

그럼에도 말씀은 언제나 들려주어도 된다는 점!
믿음은 들음에서 난다 하셨으니까요.
나를 위해 주시는 말씀으로도 받고 그 말씀을 아이와 어떻게 나
누고 적용해 볼까도 생각해 봅니다.

두 번째는 '**인물별 접근**'입니다.
시중에 나와 있는 성경 동화를 활용하여 함께 읽어도 좋겠고

성경을 함께 찾고 읽으며 그 인물에 관해 이야기해도 좋겠습니다.

ex) 아브라함, 모세, 다윗, 요셉, 기드온, 사무엘, 엘리야, 요나 등등

세 번째는 'Q. T를 통한 접근'입니다.

매일 큐티를 하는 엄마라면 그날그날 주시는 말씀을 묵상하고 그 말씀을 아이와 나누면 좋습니다.

네 번째는 '성경 어플'을 활용할 수 있습니다.

과자를 혼자만 먹겠다고 하는 아이를 보았을 때, 이것저것 해 줘도 불평만 하는 아이를 볼 때, 부모 말씀을 듣지 않고 자기 고집대로 하려는 아이를 마주할 때 등, 상황마다 아이에게 어떤 말씀을 들려주면 좋을까를 생각하신다면
성경 어플에 키워드만 검색하시면 관련 성경 구절을 찾을 수 있습니다.

마지막으로 **유튜브를 활용**할 수 있습니다.

아이들 취학 전에 매일 활용했던 유튜브인 '산나의 하나님 말씀'을 추천합니다.

신학을 전공하신 전도사님이셔서 말씀도 좋고 저도 은혜받은

적이 많았습니다.
아이들과 함께 보며, 돌아가며 한마디씩 기도하고 제가 마무리
기도로 마쳤습니다.

아이들과 말씀을 나누는 일, 어렵지 않지요?
꼭 함께 해 봐요.

말씀이 숨쉬는 육아

우리의 만남은 한마디로

주일 학교 때 들은 말씀을 가지고 아이들에게 예배 인도를 해 보
게 했습니다.

큰아이는 성경 본문이 어디든지간에 기승전결 복음으로 귀결됩
니다. 이 또한 참 감사하더라고요.
아이 입으로 예수님을 고백하니 이보다 더 확실한 믿음이 어디
있을까 싶어서 말이죠.

이번엔, 작은아이 차례가 되었습니다.
창세기 24장 말씀, 아브라함이 종을 보내어 이삭의 아내 될 사람
을 찾는 내용이에요.
자기가 들은 말씀을 어찌나 꼼꼼하게 전달하는지 기특하고 놀
라웠습니다.

리브가를 만나도록 이끄신 하나님을 찬양했던 종의 모습을 통
해 순간 제가 깨달은 것을 아이와 또 나누었습니다.

"엄마 아빠를 하나님이 만나게 하셨고
너희들을 만난 것도 하나님의 계획인데
우리가 하나님을 찬송해야 하는 거다. 그치?"

나와 너의 만남, 형과 동생의 만남,
이 모든 만남이 하나님의 계획 속에 이루어졌으니
이것을 아브라함의 종처럼 기뻐하고 찬송해야 함이 마땅함을
깨닫게 됩니다.

좌절할 일이 많고, 기대에 못 미치는 일들, 특히 육아 속에서 하
나님의 계획을 찬양하고 기뻐하고 감사해야겠다는
생각이 강하게 들었습니다.

우리의 만남은 우연이 결코 아니에요.
모두 하나님의 '완벽한 계획' 속에 이루어진 것입니다!

말씀이 숨쉬는 육아

한 끗 차이의 표현,
자녀가 노엽지 않도록

텔레비전을 그만 보라고 했음에도, 핸드폰 좀 그만하라고 했음
에도 엄마 말을 귓등으로도 듣지 않고 자기 할 것에 빠져서 있는
아이를 마주한 적, 있으실 거예요.

그럴 때 엄마는 화가 끝까지 납니다.
"당장 꺼!" "이리 내놔!"
아이 손에 쥐고 있는 기기를 빼앗거나 TV를 확 꺼 버립니다.
"엄마 미워! 나빠!" 아이는 방으로 뛰어 들어가고
엄마는 한숨을 몰아쉬며 머리를 감싸 쥡니다.

이럴 때, 한 끗 차이로 아이에게 다르게 말해 볼 수 있습니다.

"그 핸드폰 때문에 엄마 말씀에 순종하지 못하고 있으니 엄마가
핸드폰 가져갈 수밖에 없어."
"엄마 말씀에 순종할 수 있게 엄마가 TV를 끌 거야."

"엄마 말씀에 순종하는 일은 하나님이 말씀하신 거야."

"네가 엄마에게 순종할 수 있게 가르칠 책임이 엄마에게 있어."

이제는 엄마도 친절하게, 아이도 유연하게 받아들일 수 있겠지요.

또 아비들아 너희 자녀를 노엽게 하지 말고 오직 주의 교훈과 훈계로 양육하라[엡 6:4]

말씀이 숨쉬는 육아

말씀 먹일 때 주의할 점이 있어요!

말씀으로 양육하고자 마음먹고
실행할 때에 주의점이 있습니다.
그것은 말씀을 아이에게 들이밀어서는 안 된다는 것인데요.

예를 들어 보겠습니다.
"성경에서 거짓말하지 말라고 말씀하셨는데 너 왜 거짓말했어!"

아이는 어떤 감정을 느끼게 될까요?
정죄감을 받고 성경을 무서워하게 되겠지요.
자칫하면 자신도 모르게 아이를 정죄하고 죄책감을 심어줄 수
있다는 점이에요.

그렇기에 말씀을 적용할 때 필요한 세 가지 팁을 알려 드릴게요.

1. 기회를 살피고 찾자

상황을 맞닥뜨렸을 때 이야기할 수도 있지만 그때는 감정적으로 대할 가능성이 큽니다. 때문에 '언제 말해 볼까, 어떻게 말해 볼까' 기회를 살피고 찾는 게 필요합니다.

2. "엄마가 ~ 했는데" 라고 시작해 보자

"엄마가 아침에 말씀을 읽었는데 거기에 그런 말씀이 있었어. 네 이웃을 내 몸과 같이 사랑하라는 말씀이야."
"너희에게 어떻게 말하면 좋을까 기도 하다가 주는 것이 받는 것보다 복되다는 말씀이 떠올랐어."

이런 식으로 말하게 되면 정죄감을 주지 않고도 하나님의 말씀을 아이의 마음에 심을 수가 있습니다.

3. 예시를 들자

이것은 아이가 스스로 깨달을 수 있도록 돕는 방법입니다.
아이를 제3자로 빗대어 하나의 스토리를 말해 주세요.

"엄마 친구에게 아들이 하나 있는데 그 친구가 엄마 말씀을 잘 안 듣고 자기 마음대로 행동하려고 하는 게 많대. 그래서 요즘

그게 걱정이라고 엄마한테 이야기하더라?
그것에 대해 넌 어떻게 생각해?"

이런 식으로 물꼬를 틀면 아이는 자신의 마음까지도 엄마에게
이야기할 수 있게 됩니다.
이것이야말로 기회인 것이죠!

말씀으로 아이를 가르치는 것은 선택이 아니라 필수입니다.

기도한 대로 응답 되지 않을 때

새 학년을 앞두고

새 학년 새 학기를 앞두고 믿는 부모님들에게 빠지지 않는 기도
제목이 있으니
바로 '만남의 축복'을 위한 기도입니다.
예외 없이 누구나 좋은 선생님, 좋은 친구들 만나기를 바라고
또 간절히 기도하지요.
그런데 말입니다.

기도한 대로 응답이 되면 참 좋겠는데 응답이 되지 않는 경우를
만나게 됩니다.
무서운 선생님을 만날 수도 있고, 같은 반 되기 싫었던 친구가
내 짝꿍이 될 수도 있다는 것이에요.

자, 이때 믿는 엄마로서 아이에게 어떠한 메시지를 전달하면 좋
을까요?

"하나님이 비록 우리의 기도에 응답해 주시지 않았지만 꼭 기억해야 할 것이 있어. 하나님은 너를 사랑하신다는 사실이야."

나를 사랑하셔서 기도에 응답해 주시기도 하지만
나를 사랑하셔서 기도에 응답하지 않으실 때도 있다는 것,

바로 하나님의 사랑을 전달해야 할 때입니다.
지금 당장은 이해하기 어렵더라도 하나님의 계획하심과 뜻을
우리에게 알게 하실 거라는 것,
꼭 붙들어야 하겠습니다.

믿음 위에 서 있는 육아

언제나 사랑한다? 정말이요?

아무리 지적해도 달라지지 않는 아이를 볼 때,
하지 말라고 말해도 또 하고 있는 아이를 볼 때,
그런 아이를 보고 못마땅한 표정이 나도 모르게 나왔던 적,
혹시 있으신가요?

입에 욱여넣지 말고 조금씩 먹으라 수십 번 수천 번째 하던 어
느 날, 아이가 과자를 온 입에 묻히고 와구와구 먹는 모습을 보
았습니다.
'아, 대체 왜 저렇게 더럽게 먹는 거야, 으이그.'

아니, 사랑하는 내 아들임에도 그런 생각이 순식간 빛처럼 파고
들었어요.
'아, 나는 아이의 잘하는 모습이나 좋은 모습을 보일 때만
혹시 사랑하는 것 아닐까…'

말씀이 숨쉬는 육아

하나님이 저희 가정에 자녀를 선물해 주실 때 '이 아이가 잘할 때만 사랑해 주거라' 하지 않으셨음이 분명한데 왜 나는 이 아이의 부족함과 때로는 모자람까지 품어 주지 못하고 사랑하지 못하는지 오히려 죄인인 제 자신을 돌아보는 계기가 되었습니다.

'달면 삼키고 쓰면 뱉는다'

'아이가 잘할 때, 성공했을 때, 좋은 모습을 보일 때'는 사랑해 주고 그렇지 않을 때는 가차 없고 매정하다면.
'내가 잘해야지만 엄마는 나를 사랑해 주는구나' 하고 생각하게 될 테고 급기야 내가 성공해야 하는 이유를 '엄마의 사랑과 인정'에 두게 되지 않을까요?
자신의 부족한 점이나 실수, 실패, 연약함 등을 내보이지 않으려 스스로 채찍질하다 보니 자존감이 떨어지고 게다가 자신을 사랑하지 못하는 일마저 벌어진다면,
이 얼마나 슬픈 일일까요.

하나님이 나에게 보여 주신 자비와 사랑을 우리 함께 자녀들에게도 베풀어 가야 하겠습니다.

아이도 원하고 있습니다

"하나님, 엄마에게 지혜를 주셔서
우리들을 잘 키울 수 있게 도와주세요."
엄마를 위해서 기도해 달라고 부탁했더니
이러한 기도를 합니다.

'아, 아이도 엄마가 자기들을 잘 키우고 지도하기를 원하고 있구
나.' 하는 아이의 마음을 깨닫게 되어서 좀 놀랐습니다.

흔히 그런 말 하잖아요.
"다 너를 위해서야."
"너 위해서 하는 말이야."
이러한 말들에 담긴 엄마의 사랑이 아이에게 진심으로 전달되
면 좋겠는데 안타깝게도 엄마의 의도와는 달리
많은 경우 '잔소리'로 들리는 것 같아요.

말씀이 숨쉬는 육아

그러할 때 제가 쓰는 말이 있습니다.

"하나님 주신 몸을 건강히 지켜야 하기 때문에
밥을 꼭꼭 씹어 먹으라 말하는 거야."

"네가 다른 집 아이였다면 상관하지 않지만
너는 내 사랑하는 아들이기 때문에
엄마가 허락할 수 없는 거야."

"엄마는 너의 영혼을 하나님 아닌 다른 것에 빼앗기지 않도록
살펴야 하고 도와주어야 할 책임이 있는 사람이야."

엄마의 사랑이 아이에게
진심으로 전달되기를 바라는 마음, 그뿐입니다.

어려움을 만나면 가장 먼저 펴야 할 책

"엄마, 친구들이 나랑 안 놀아 줘."
"친구들하고 놀고 싶은데 말을 못 하겠어."

"음… 아무래도 이 책을 안 읽어서 그런가 봐."
.

.

아이가 무슨 책을 꺼내 올까, 성경책을 가져오길 내심 기대했습니다.
그런데… '친구에게 어떻게 말할까'에 관한 인간관계 책을 가져오는 게 아니겠어요!

거의 매일 예배드리고 신앙 이야기를 했건만
순간, 마음이 아래로 무너져 내리듯 툭 꺼졌습니다.
물론 인간관계 책에서도 얼마든지 배울 수 있고
유익을 얻을 수 있음은 인정합니다.

말씀이 숨쉬는 육아

그러나
'사람은 온종일 세상에 영향을 받으며 살고 있구나'를 더 분명히
알게 되었어요.

사람이 어려움을 만나면
하나님을 먼저 찾느냐 아님 나에게 실질적 도움을 줄 사람이나
대상을 찾느냐 이 두 가지인 듯 해요.

제 스스로도 점검해 보게 되었습니다.
'어려움에 처할 때 나는 누구에게 가장 먼저 손 내미는가?'

하나님이기를 원합니다.
말씀을 펴 보기를 원합니다.

마찬가지로
아이들도 하나님을 먼저 찾기를 기도합니다.
내가 가장 먼저 찾고 의지해야 할 대상이
하나님이기를 기도 제목으로 가져갑니다.

내 정체성, 어디서 찾고 있나요?

학부모 공개 수업

여러분들은 자신의 정체성을 어디에서 찾고 있나요?
하나님에게서 찾지 않으면 세상에서 찾게 되는데
성공, 경력, 돈, 건강 등 어떤 피조 세계에서든 찾는다고 합니다.
특히 자녀에게서 자신의 정체성을 찾으려 하는 분들도 있다는
것이에요.

저도 자녀에게서 제 정체성을 찾고자 하면 충분히 찾고도 남을
사람인데 하나님은 그것을 아예 꿈도 꿀 수 없게끔 만들어 버리
셨어요.

큰아들 학부모 공개 수업 때의 일입니다.
아들은 도움반에서 국어와 수학 공부를 하고 있습니다.
그런데 하필 공개 수업 때 국어 수업을 한다고 하니 제 마음에
여러 갈등이 생겼습니다.
선생님은 아이가 함께할 수 있도록 수업을 계획하시겠다고 하

말씀이 숨쉬는 육아

셨지만 그럼에도 아이가 어려워할 부분도 분명 있을 거라고 말씀해 주셨어요.

'공개 수업에 안 간다고 할까?'
'여느 때처럼 그 시간에도 도움반에서 그냥 공부하게 할까?'
'아니야, 우리 아이가 교실에서 어떻게 공부하고 있는지,
선생님은 아이들을 어떻게 지도하시는지 볼 수 있는 중요한 기회가 될지도 몰라.'

여러 복잡해진 마음을 안고 결론을 내리기 전, 공개 수업을 가고 싶지 않은 저의 마음을 점검해 보고자 펜을 들고 하나하나 써 내려갔습니다.
1. 아이가 어려워하고 힘들어하는 모습을 보게 될까 봐
2. 아이의 엉뚱한 대답으로 내가 아이를 창피하게 생각할까 봐
3. 다른 학부모들이 자기 아이들에게 우리 아이랑 놀지 말라거나 멀리하라고 할까 봐

이렇게 써 내려가는 중에 3번이 저의 마음을 차지하고 있었음을 알게 되었습니다.
그래서 자꾸 그럴싸한 핑계를 대서라도 가고 싶지 않았던 것입니다.

그 3번을 가지고 기도의 자리로 나아갔습니다

'하나님… 교실에서 반 아이들을 볼 자신이 없습니다. 우리 아이
랑 놀지 말라는 이야기를 듣게 될까 두렵습니다.'

눈물이 줄줄 흘러내렸습니다.
아이보다 타인의 시선과 표정에 더 신경을 썼던 사람임을 고백
하고 나는 여전히 나약하고 연약한 사람인 것을 인정했습니다.
그런데 하나님께 이런 제 마음을 드릴수록 새로운 생각이 제 마
음에 찾아왔습니다.

'공개 수업은 하나님이 내 마음과 믿음을 점검하시는 기회야.'
'타인의 시선과 표정에 마음 흔들리지 말고 하나님이 함께하시
는 사람 '황희'에게 집중하자.'

비로소 마음에 평안함이 임했고,
가벼워진 발걸음으로 아이 교실로 들어갈 수 있었어요.
하나님이 우리 아이를 주목하시는 것을 느끼니 아이를 편안히
바라볼 수 있었습니다.
'그래, 황희야. 넌 하나님이 함께하시는 사람이야.
못해도 돼, 틀려도 괜찮아.'

말씀이 숨쉬는 육아

수업 내내 황희와 함께하시는 하나님을 느끼는 시간이었습니다.

주권 이양

초등 1학년 입학 후 종종 배가 아파 학교를 못 가겠다는 둘째가
걱정이 되었습니다.
병원도 가 보았지만 별다른 이상은 없었어요.
혹시 놓치고 있는 아이의 심리가 있는 건 아닐까 염려되어 결국
심리상담센터에 다녀오게 되었습니다.

"이 아이는 형에 대한 배려가 몸에 배어 있어요.
가족 그림에서도 엄마 옆에 아빠, 아빠 옆에 형을 그렸고 자신은
끝에 그려 넣었네요.
보통 아이들은 이렇지 않아요. 엄마 옆에 자신을 그려 넣거나 자
신을 중심에 두지요."

발달에 어려움이 있는 큰아이의 치료에 따라 일정은 돌아갔
고 제가 아이를 데리고 다니는 동안 둘째는 아빠에게 맡겨졌습
니다.

말씀이 숨쉬는 육아

그렇지만 그로 인해 둘째가 혹여라도 결핍이 생길까
함께하는 시간 동안 아이에게 최선을 다하려 했어요.
마음에 짐이나 상처가 될까 형에 대한 이해와 양보도 요구하지
않았습니다.

그러나 우선순위에서 항상 밀렸다고 생각했을 아이,
그래서 요구가 많았고 불만 사항이 많았구나 하고 생각하니
아이 마음이 정말 그랬을 만했구나 하고 더 헤아려졌어요.
여기서 생각을 멈추고 마음을 추슬러야 했는데
제 마음을 산산조각 내는 단어 하나가 훅 들어왔습니다.
.

.

패. 배. 자.

.

.

둘째만큼은 잘 키워 보고 싶었고
또 제 기대처럼 잘 자라 주는 아이를 자랑스러워했습니다.
그림 검사에서도 당연히 엄마 옆에 자신을 그렸을 것으로 확신
했는데 그 그림이 "너는 패배자야!"로 확증시켜 주는 것만 같았습
니다.

"하나님, 결국 이 아이마저 그러실 건가요?
엄마로서 성공하고 싶었고
잘했다고 인정받고 싶었는데
그게 그렇게 잘못인가요?
그것마저 무너뜨리시는 건가요?"
참을 수 없는 눈물이 쏟아져 내렸습니다.
.

.

한참을 짙은 어둠에 가려 길을 알 수 없는 가운데에 있을 때,
하나님은 제게 새로운 생각을 넣어 주셨고
그렇게 저를 어둠에서 꺼내 주셨습니다.

"아, 첫째처럼 둘째도 하나님이 하시겠다는 뜻이죠?
네 좋아요! 하나님이 해 주세요!"
하나님 앞에 무릎 꿇고
나의 자녀에서 '하나님의 자녀'로 주권을 옮겨 드렸습니다.

자칫 자녀를 우상 삼을 뻔한 저를 필히 건져 내서야만 했기에
하나님은 이런 방법을 쓰실 수밖에 없었던 것입니다.

3학년인 지금도 종종 배가 아파 학교를 못 가겠다고 하는 날이

있어요.

그렇지만 아이의 감정에 휘말리지 않고 편안하게 안아주고 아이를 헤아리는 게 가능해졌습니다.

온전하시고 완벽하신 하나님이 직접 하시겠다고 하니
얼마나 잘 인도해 주실까요.
조금이라도 "내가 했다" 하지 못하게
오직 하나님만 영광 받으시길 원하는 그는
나보다 더 자녀를 사랑하시는 하나님이십니다.

부모가 화내는 이유,
하나님의 뜻대로 가르칠 책임

아이들은 아빠를 좋아하면서도 무서워합니다. 특히 아빠에게
혼날 때 많이 무서워하죠.
부모에게서 혼이 날 때, 아이들은 우리의 의도와는 다르게 이러
한 생각을 가질 수 있습니다.

나를 미워하나 봐.
날 사랑하지 않나 봐.
내가 싫어서인가 봐.

며칠 전부터 성경 이야기 하나가 제 머릿속을 맴돌았습니다.
아이들에게 꼭 필요한 말씀이겠다 싶어 붙잡았다가 드디어 기
회를 잡았죠.

> 엘리의 아들들은 행실이 나빠 여호와를 알지 못하더라
> [삼상 2:12]

"한나라는 여자가 아이를 갖게 해달라고 성전에서 기도할 때 그때 엘리라는 사람이 제사장으로 있었어. 그 엘리 제사장에게는 두 아들이 있었는데 그 두 아들은 아빠가 믿는 하나님을 믿지 않고 악을 행하는 나쁜 아들들이었어. 하나님께 제사드릴 때에 고기를 익히기도 전에 날것으로 막 가져가고 성전에서 봉사하는 사람들과 나쁜 죄를 저질렀어."

"어느 날 블레셋이 쳐들어왔을 때 그 두 아들들이 성전에 있는 언약궤를 함부로 전쟁에 가지고 나간 거야. 근데! 그 언약궤를 적에게 빼앗기게 됐고 두 아들들은 전쟁에서 죽고 말았어."

"그 소식을 들은 아빠 엘리는 의자에 앉아 있다가 뒤로 넘어져 죽고 말았지. 두 아들들이 하나님 앞에서 죄악을 저질렀을 때, 엘리 제사장이 그 두 아들들을 혼내고 하나님 앞에 회개하도록 이끌었다면 이야기는 전혀 달라졌을 거야. 하나님은 악을 행한 엘리의 두 아들들로 인해 그 집에 노인이 없겠다고 하는 저주를 내리셨거든."

"아빠는 너희들이 하나님 안에서 잘못 나가지 않도록 잘 가르치셔야 하는 책임이 있으신 분이야. 왜냐하면 너희들은 하나님의 자녀이거든. 하나님의 자녀답게 잘 살아가도록 가르칠 책임이 아빠와 엄마에게 있단다.”

아이도 알기를 원합니다.
아빠 엄마가 나를 사랑하고 또 하나님 안에서 잘 살게 하려는 이유 때문에 혼날 수 있다는 것을요.

말씀이 숨쉬는 육아

엄마의 성공 경험

성령의 도우심으로

"우와, 이 상황에서 화를 안 내다니 정말 놀랍다.
대단해, 엄마."
자신이 예상했던 것과 다르게 엄마가 형에게 반응하니 적잖이
놀란 모습이었습니다.

큰애에게 크게 화낼 일이 2번이나 있었는데
'화내 봤자 이미 벌어진 일이니 차라리 받아들이자' 하는 마음을
먹었거든요.
큰애도 혼날까 봐 먼저 울먹거리며 죄송하다고 하니 그냥 넘어
가 주게 되더라고요.

이 마음을 먹게 된 것에는 전적인 성령님의 도우심이 있었습
니다.
아이를 온유함과 사랑으로 대할 수 있게 해 달라는 제 기도에 응
답하신 것도 있지만

아들을 긍휼히 여기시고 사랑하시는 하나님의 크신 사랑 덕분
이라 생각합니다.

"엄마가 기도했거든
형아에게 화내지 않고 온유하고 부드럽게
대할 수 있도록 도와달라고 말이야.
그래서 성령님이 엄마를 도와주신 거라 믿어."

"태희야, 너도 기도하면
하나님이 언제나 도와주셔.
꼭 기도해 봐."

감정도 하나님께 의탁하면 들어주시고 해결해 주심을 경험
해요.
오늘도 남김없이 하나님께 기도해 봐요.
귀 활짝 열고 우리의 기도를 들어주실 거예요.

말씀이 숨쉬는 육아

아이에게만 완벽을 바라는가요?

"엄마, 나 핸드폰 배터리가 별로 없어서 충전해야 해."
"어? 어젯밤에 엄마가 충전해 놨어.
근데 벌써 배터리가 없는 건 말이 안 되는데?"
.

.

"엄마… 내가 솔직하게 말할게요.
엄마 몰래 유튜브로 재밌는 거 봤어요."

하아… 이를 어쩔까, 잠시 고민됐습니다.
"그래, 솔직하게 말해 주어 고맙다.
보지 말아야 할 시간에 봤으니
허용된 시간엔 30분 덜 보는 거야."
솔직하게 인정하는 모습이 기특하기도 해서
혼낼 수 없었습니다. 그리고 아이를 혼내기에는
내 양심에 걸리기도 했습니다.

나 또한 완전하거나 완벽하지 않은데
아이에게만 완벽을 요구하는 모양새가 되는 것이니까요.

곰곰 생각해 보면
나는 화내 놓고
아이에게는 화내지 말라 하고

나는 짜증 내며 말해 놓고
아이에겐 부드럽게 말하라 하고

내 자세는 좋지 않아도
아이에게는 바르게 앉아 공부해라
누워서 책 보지 마라 등

얼마나 모순되는 요구를 하고 있는지
발견합니다.
그러니 아이에게 쉽게 화내지 못하고
쉽게 지적하지 못합니다.

완벽한 부모가 없듯
완벽한 아이도 없습니다.

그저 우리는 나를 용서하시고 받아 주시는

예수님의 은혜로 오늘을 살고 있는 연약한 존재인 것입니다.

✝ 하나님이 보여 주신 한 컷 2

동생이 형을 쫓아가며 씩씩댑니다.
형이 약 올리며 도망간 것에 동생의 분노가 터져 나옵니다.

"비 오는 날 먼지 나도록 때리고 싶다!!"

언젠가 책에서 본 모양입니다.
"엄마, 비 오는 날 먼지 나도록 맞는다는 게 무슨 말이에요?"
웃으며 그 의미를 이야기해 준 적이 있었죠.
그런데 이렇게 가져다 쓰다니요…
혼잣말이었지만 그 말은 똑똑히… 또렷하게…
제 가슴 깊숙이 스며들어 마음을 갈기갈기 찢어 놓았습니다.

평소에 자신의 마음과 입장을 헤아려 주지 못하는 형에 대한 감
정이 차곡차곡 쌓여서 급기야는 터진 것이겠지요.

말씀이 숨쉬는 육아

큰아이의 발달적인 부분의 연약함이기에 그 어떤 말도 해 줄 수가 없었습니다.
그리고 둘째의 마음도 지금껏 어떠했는지 너무나 잘 알았기에 어떻게 그런 말을 하냐고 훈계할 수도 없었습니다.

그렇게 아픈 가슴을 안고 밤에 기도하는데… '아, 아이의 마음에 빨간불이 들어왔다고 하나님이 보여 주신 것이구나' 하고 생각되었어요.
"그럼, 이 아이를 어떻게 도와주면 좋을까요?
하나님…"

며칠 전, 학교에서 알림이 오기를
순회 상담 신청이 있으니 필요한 학생은 신청하라는 내용이었어요.
그저 알림이 왔나 보다 하고 그땐 넘겼는데 그 종이가 생각났고 그곳에 하나하나 내용을 적었습니다.
다음날 아이 편으로 신청서를 보내야 했기에
아이를 불러 저의 진심을 담아 말했습니다.

"태희야, 네가 형아로 인해서 마음에 화가 무척 많고 힘들어하는 거 엄마가 잘 알아, 그래서 네 마음을 도와주고 싶어서 전문가 선생님께 상담을 신청하려고 해."

"엄마, 고마워요."

제 귀에 속삭이는 아이의 말에 가슴이 먹먹해졌습니다.

아이의 마음 상태가 어떠한지 나에게 보여 주신 하나님의 한 컷을 놓치지 않게 이끌어 주신 하나님은 나보다 아이를 더욱 사랑하시는, 아이의 참 부모이심을 또다시 고백하게 됩니다.

말씀이 숨쉬는 육아

처음 말하는 것처럼

아이를 혼낼 때면
남편과 다툴 때면
왜
왜
지난 일들까지 구태여 꺼내는 걸까요?

아마도 마음에 담아 두어서인 거겠죠.
아마도 해결되지 않아서인 거겠죠.

맞아요.

아이들이 같은 잘못을 반복하면
턱까지 차오르는 말이 있으니
"저번에도 그러더니 또 그러는 거야?"
"지난번 때 너 혼났던 거 기억 안 나?"

지난 잘못을 또 끄집어내어 이야기하는 것은
예수님의 십자가 은혜를 잊어버린 것이라 폴트럽은 이야기합
니다.
예수님은 우리의 지난 잘못을 묻지 않으십니다.
죄를 고백하면 그 죄는 없이 해 주신다 하셨습니다.
그런 큰 은혜를 받은 사람인데
우리가 뭐라고 자녀들의 혹은 남편의 같은 잘못을 끄집어내고
또 꺼낼 수 있겠는가 말입니다.

저도 노력하는 부분이에요.
아이들에게 처음 말하는 것처럼
부드럽게 말하려고 말이죠.

"왜 자꾸 신발을 거꾸로 신는 거야? 바로 신는 거라
엄마가 백 번은 더 얘기했겠다!"가 아니라
"신발 거꾸로네? 바로 신자."

100번 말했을지라도 **처음 말하는 것처럼**
한번 해 보자고요.
십자가의 은혜를 생각하면 할 수 있어요.

말씀이 숨쉬는 육아

영적 예방 주사가 절실합니다

아이가 한번은 이런 말을 한 적이 있었어요.

"엄마, 내가 예수님 믿어서 한 행동을 친구가 이상하게 생각해."

아이가 살아가면서 그러한 일들은 수없이 만나게 될 것입니다.

믿음에, 말씀에 바로 설수록 말이죠.

하나님을 믿는 아이로 하나님이 기뻐하시는 행동을 한 아이를

칭찬하고 격려했습니다.

"네가 예수님 믿는 것 때문에

친구들이 너랑 안 놀려고 할 수도 있고

너를 빼놓고 놀려고 할 수도 있어.

너를 욕할 수도 있고 네가 피해를 입을 수도 있어."

"그러나 꼭 기억해야 할 게 있어.

하나님을 위해 그런 어려움을 받은 사람은

복이 있다고 말씀하셨다는 거야."

아이가 말씀 따라 선택하고 결정할 때에
외로워질 수도 있고 외톨이가 될 수도 있습니다.
그 가운데 엄마에게도 요구되는 것이 있는데
아이가 홀로됨을 견디고 이겨 나갈 때
엄마도 함께 견디고 이겨 나가야 한다는 것입니다.
그런 결단을 한 아이를 우리는
함께 기뻐해 주고 축복해 주어야 해요.

왜 그리 유난이냐고 질책해서는 안 되겠어요.
그 정도는 괜찮지 않냐고 타협해서도 안 되겠어요.

다니엘의 세 친구, 사드락, 메삭, 아벳느고와 같이
하나님 안에서 함께하는 동역자를 붙여 주실 것을
믿고 기도해 나가요.
하나님은 아이를 결코 홀로 두지 않으실 것입니다.

> 의를 위하여 박해를 받은 자는 복이 있나니 천국이 그들의
> 것임이라
> 나로 말미암아 너희를 욕하고 박해하고 거짓으로 너희를 거
> 슬러 모든 악한 말을 할 때에는 너희에게 복이 있나니

말씀이 숨쉬는 육아

기뻐하고 즐거워하라 하늘에서 너희의 상이 큼이라 너희 전에 있던 선지자들도 이같이 박해하였느니라[마 5:10~12]

아이를 위한 기도 제목 1

우리 자녀들이 만나게 될 사람들과 환경은
우리의 힘으로 되는 것이 아님을 알고 있습니다.
아이들이 처한 곳이 바벨론과 같이 하나님을 모르는
척박하고 완악하고 죄악이 가득한 곳일 수 있습니다.

이를 위해 엄마 된 우리가 해야 할, 꼭 필요한 기도 제목이 있습니다.

> 너희는 내가 사로잡혀 가게 한 그 성읍의 평안을 구하고 그
> 를 위하여 여호와께 기도하라
> 이는 그 성읍이 평안함으로 너희도 평안할 것임이라[렘
> 29:7]

"우리 아들이 있는 교실이 평안하게 해 주세요."

말씀이 숨쉬는 육아

"우리 딸이 있는 곳이 딸을 통해 복을 받게 해 주세요."

이스라엘이 포로로 잡혀간 바벨론을 위하여도 하나님은 기도하
라 하시잖아요.
그 성읍이 평안함으로 너희도 평안할 것이라 하셨으니
우리도 이와 같이 꼭 기도해요.

아이를 위한 기도 제목 2

누가복음 말씀을 읽어 가다가
반복되는 구절이 제 눈에 들어왔습니다.

> 천사가 대답하여 이르되 성령이 네게 임하시고 지극히 높으
> 신 이의 능력이 너를 덮으시리니 이러므로 나실 바 거룩한
> 이는 하나님의 아들이라 일컬어지리라
> 마리아가 이르되 내 영혼이 주를 찬양하며[눅 1:35,46]
>
> 그 부친 사가랴가 성령의 충만함을 받아 예언하여 이르되
> 찬송하리로다 주 이스라엘의 하나님이여 그 백성을 돌보사
> 속량하시며[눅 1:67,68]

성령이 충만한 자에게서 나타나는 특징이 있었는데
'하나님을 찬송하고 찬양'하는 것입니다.

말씀이 숨쉬는 육아

'성령의 충만함이 있어야
하나님을 마음에 두기를 기뻐할 테고
하나님을 마음에 두기를 기뻐하니
찬양과 찬송이 그 마음과 입술에서 끊이지 않겠구나,
바로, 성령의 충만함이 답이었구나~!'
깨닫게 되었습니다.

이제는 저에게뿐 아니라
저희 아이들에게도 꼭 필요하고 중요한 기도 제목입니다.

"주여, 우리의 자녀에게도 성령에 충만함을 주옵소서!"

어떤 능력이나 은사를 나타내기 위함이 아닌
나의 영혼이 온전히 하나님만 찬양하고 높이기 위해 성령의 충
만함을 구해야겠습니다.

있는 모습 그대로를 인정할 수 있는 힘은?

"엄마, 내 일기장 어디 갔어요?"
"엄마, 독서 노트가 어디 있나 못 찾겠어!"
"엄마! 엄마!"

아침마다 연신 엄마를 찾아 댑니다.
자기 일기장이며 독서 노트며 숙제며
찾아도 보이지 않으니 울상입니다.

이런 일들이 반복되다 보니
혹시 주의력 결핍이 아닐까 하는 생각이 들었어요.
세상에… 둘째마저 주의력 결핍이라뇨…

잘 키우려 애썼던 아이인데
둘째만큼은 잘 키워 보고 싶었던 아이인데

·

·

그러나 이 아이는

이미 하나님께 주권을 올려 드린 바 있었어요.

그랬기에 아이의 이런 현상에 불안하거나 조급하거나 못마땅해

하지 않는 저를 발견했어요.

내 아이의 주인이 나였다면

어디서부터 무엇이 잘못되었는지

따지고 분석하고 어떻게 이런 일이 일어났는가

받아들이지 못하고 애꿎은 아이만 탓했을지 몰라요.

아이를 위해 주의력 결핍 검사를 예약해 두었습니다.

무엇이 아이를 산만하게 만드는지

이번에도 도와주려고요.

아이의 있는 모습 그대로를 인정하고 사랑하려고요.

자녀를 하나님께 맡기는 것은

이처럼 엄청난 큰 차이가 있습니다.

아이를 사랑하시는 하나님이

가장 좋고 가장 선한 길로 인도하심을 믿으니
내 마음은 오늘도 평안합니다.

말씀이 숨쉬는 육아

엄마가 필요해요!
vs
엄마도 엄마 시간이 필요해!

"엄마, 잘 동안 내 옆에 있어 줘요."

자기가 잠들기까지 엄마를 꼼짝 못 하게 하는
큰아이의 요청을 그날은 들어주기가 힘들었습니다.
몸이 피곤해서 속히 일을 마치고
잠자리에 들고 싶었기 때문이죠.
"엄마가 아직 일이 안 끝났어.
오늘은 그냥 자!"

엄마가 없으니 쪼르르 나와서 엄마를 기어코
자기가 원하는 대로 해 버리네요.
마음속 분노가 파도처럼 일렁입니다.
'왜 쟤는 자기밖에 모를까, 엄마가 이렇게 할 일이 있다고 하는
데도 자기 생각밖에 안 해!'

몇 분 후, 급기야 자리를 박차고 나왔습니다.
그사이 아이는 잠들었지만
제 마음속 화는 쉽게 진정되지 않았어요.

'하나님이 우리에게 어떻게 주신 아이인데
왜 순간을 참지 못하고 감사하지 못했을까?'
괴로운 심정으로 기도하는데
하나님은 오히려 제 모습을 보게 하셨어요.

아이가 자신만 생각했던 것처럼
나도 내 자신만 생각했다는 것을요.
자기밖에 모르고 이기적인 아이를 못마땅해 했는데
나 또한 아이와 다를 바 없는 이기적인 사람인 것을요.

그래서
아이가 엄마를 원할 때 그 필요를 채워 주지 못하는 것 같아요.

모두 자기만 먼저 생각하느라…

내가 먼저 변해야 하겠어요.
나의 자아는 십자가에 못 박고

오직 예수로, 오직 성령으로 살기를
날마다 구해야겠습니다.

하나님의 자녀이기에 충분합니다

"오늘은 참 좋은 날이야. 친구랑 잘 놀았거든."
"오늘은 행복한 일이 많았으면 좋겠어."

좋은 일들이 일어나면 행복하고
기대하던 일들이 일어나지 않으면 불행하고 기분이 안 좋고는
어른이든 아이든 마찬가지인 것 같아요.

행복은 밖에 있는 게 아니라 내 안에 있다는 말을 하잖아요.
저도 아이에게 이 의미를 전달하고 싶었습니다.
성경적 의미로 말이죠.

"내 마음이 좋고 아니고는 친구들에게 달려 있는 게 아니야. 친
구들에 의해서 네 마음이 좋고 안 좋고가 아니라 우리는 하나님
의 자녀이기 때문에 그것만으로도 얼마든지 충분하단다, 그것
만으로도 기쁘고 좋은 거야."

말씀이 숨쉬는 육아

아이에게 말하면서도 나의 마음도 돌아봅니다.
외부에 영향받지 않고 중심에서부터 하나님의 자녀라는 정체성
을 확고히 하고 사는 것!
그것이 행복의 비결입니다.

이럴 때도 기도 먼저!

자녀 키우면서 어떨 때 화가 많이 나시나요?
대부분 엄마 말을 한 번에 듣지 않는다거나
제멋대로 하려는 아이를 대할 때 화가 나는 것 같아요.
화를 내면 금세 또 후회하면서도 그렇다고 화가 안 나는 것도 아
닌데 말이죠.

그럼 어찌하면 좋단 말일까요? ㅎㅎ

우선은 아이를 대하면서 어떨 때 화가 자주 나는지 체크해 주
세요.
저는 한동안 아이들 씻길 때 화가 치밀어 오르는 순간이 잦았습
니다. 엄마를 배려하지 않고 자기들끼리 물 튀기고 엄마에게 협
조하지 않을 때 씻기는 게 힘들어 화가 났어요.

아, 이렇게 매번 씻길 때마다 전쟁을 치르니 더 이상은 안 되겠

다 싶었습니다.

아이들 씻기러 들어가기 전 욕실 문 앞에서 하나님께 기도를 먼저 했습니다.
"하나님, 온유한 마음으로 화내지 않고 아이들을 씻길 수 있게 도와주세요."

또, 다투고 있는 아이들을 대하기 전에도 기도를 먼저 하고 아이들을 만납니다.
"하나님, 아이들에게 어떤 말을 하면 좋을지 지혜를 주세요."
"화내지 않고 아이들을 대할 수 있게 도와주세요."

정말 기도의 힘은 컸습니다.
부드럽게 아이들을 씻길 수 있었고, 화내지 않고 아이들에게 해야 할 말들을 전달할 수 있었습니다.
아이들 방문 열기 전, 잠깐의 기도를 통해 환한 미소로 아이들을 대할 수 있게 하나님은 도와주십니다.

같은 것으로 자주 넘어지는 화는 관계를 깨뜨리고 또 후회하게 만드는 등 사단은 지금도 그 틈을 노리고 있습니다.
내가 할 수 있다 생각하는 순간, 넘어지고 자빠지게 되지만 순간순간 하나님을 의지한다면 우리는 걸려 넘어지지 않을 수 있어요.

나를 혈압 오르게 하는 일들은 결국 기도할 순간인 것입니다.

말씀이 숨쉬는 육아

에필로그

당신은 어떤 엄마가 되기를 바라고 있나요?

.

.

.

.

하나님은 당신이 어떤 엄마가 되기를 바라실까요?

.

.

.

엄마로서의 성공이 하나님 기준에서의 성공과는 다르다는 것을
지금이라도 깨닫게 된 것이 얼마나 감사한지 모릅니다.
바르고 훌륭하게 믿음 가운데 잘 키워 낸 것도 하나님이 기뻐하
시는 일이겠지만
여러 어려움과 문제 속에서 하나님을 붙들고 믿음으로 끝까지
이겨 나가는 것을 하나님은 더 크게 보실 것이라 믿습니다.

"어려움 중에서도 나를 놓지 않고 믿음으로 이겨 냈구나.

잘했다, 나의 딸아!"

칭찬하실 하나님을 기대하며 오늘도 기쁨으로 양육의 걸음을
걸어갑니다.